Florian Riess

Eine Vorfrage über die Verpflichtung

Florian Riess

Eine Vorfrage über die Verpflichtung

ISBN/EAN: 9783743668034

Hergestellt in Europa, USA, Kanada, Australien, Japan

Cover: Foto ©Suzi / pixelio.de

Weitere Bücher finden Sie auf **www.hansebooks.com**

Eine

Vorfrage über die Verpflichtung.

Von

Florian Rieß,
Priester der Gesellschaft Jesu.

„Et fiet unum ovile et unus pastor."
Joh. 10, 16.

Zweite Auflage.

Freiburg im Breisgau.
Herder'sche Verlagshandlung.
1866.

Buchdruckerei der Herder'schen Verlagshandlung in Freiburg.

Vorwort zur ersten Auflage.

Die Wahrnehmung, daß das päpstliche Rundschreiben vom 8. Dezember 1864 nicht allein vielen Angriffen von Seiten der Feinde der Kirche, sondern auch manchen Mißverständnissen unter Katholiken ausgesetzt war, hat den Plan, nach welchem die nachstehende Schrift nur die Einleitung zu populären Abhandlungen über die in Encyclica und Syllabus enthaltenen katholischen Lehrpunkte sein soll, in einem Kreise theologisch gebildeter Männer zur Reife kommen lassen.

Mit Rücksicht auf die allgemeine Bedeutung dieser Actenstücke wurden nicht sowohl theologische Fachgelehrte, die ohnehin mit Mitteln hinlänglich ausgerüstet sind, um ein genaueres Verständniß sich zu verschaffen, als vielmehr gebildete Leser überhaupt in's Auge gefaßt.

Während der Ausarbeitung sind nun zwar die maßgebenden Hirtenbriefe aus der Mitte des hochwürdigsten Episcopates und im Anschlusse an sie mehrere treffliche Arbeiten von Gelehrten erschienen; aber soviel uns bekannt geworden, ist durch letztere dem angegebenen Plane nirgends vorgegriffen, indem keines dieser Werke den gleichen Zweck, oder den Zweck in diesem Umfange und mit unserer Anlage verfolgt.

So glaubten wir also bei aller Anerkennung der genannten Arbeiten bei unserm Vorhaben beharren zu sollen. Sehr erwünschte Beihülfe leistete uns hiebei das vor Kurzem zu Paris erschienene Sammelwerk: Recueil des Allocutions et Encycliques. Paris 1865; sowie Pii IX. Pontificis Maximi Acta. Tomi I. II. Romae 1854. 1858.

Bei der vorangestellten Uebersetzung suchten wir möglichste Treue zu erzielen; wir verglichen sie nicht nur mit ausländischen (im Monde und der Civiltà), sondern auch mit der durch Rundung und fließende Sprache sich auszeichnenden Uebertragung, womit Herr Bachem das Publikum beschenkt hat [1].

Möge unser Versuch als ein geringer Zoll der Dankbarkeit, die alle Söhne der katholischen Kirche unserm Oberhaupte schuldig sind, zur Verbreitung und Verherrlichung der katholischen Wahrheit beitragen!

Maria-Laach, am Feste des hl. Thomas von Aquin 1865.

---

[1] Die Encyclica Sr. Heiligkeit des Papstes Pius IX. vom 8. Dezember 1864 ꝛc. Nebst einer ausführlichen Einleitung. Köln 1865. J. P. Bachem.

Vorwort zur zweiten Auflage.

Obwohl Niemand mehr als der Verfasser selber die Mängel der „Vorfrage" erkennt, und derselbe sich darüber nur mit dem Bewußtsein trösten kann, daß es ihm nicht eingefallen wäre, die wichtige Frage über die Verpflichtung in Angriff zu nehmen, wenn Theologen von Ansehen sich entschlossen hätten, dieselbe zu behandeln: so wollte er doch dem Verlangen des Verlegers, durch eine zweite stärkere Auflage der Nachfrage zu genügen, nicht zuwider sein und dabei lautgewordenen Wünschen, im „Katholiken" namentlich, soweit es seine persönlichen Verhältnisse erlauben, gerecht werden. Deßhalb ist der Durchsichtigkeit und Deutlichkeit halber der § 2 an vielen Stellen zusammengefaßt, der § 5 hie und da erläutert worden.

Man hat der „Vorfrage" hauptsächlich das verübelt, daß sie dem Syllabus einen dogmatischen Charakter beilegt, indem sie ihn, beziehungsweise seinen Hauptinhalt, gleich den im Rundschreiben enthaltenen Lehrentscheidungen als Ausfluß der unfehlbaren kirchlichen Lehrauctorität behandelt. Allerdings gestehen wir, daß die Unfehlbarkeit des päpstlichen Urtheils in Betreff der im Syllabus verworfenen Irrthümer nicht so klar sich kundgebe, wie dieß für die Encyclica der Fall ist. Nichtsdestoweniger glaubte der Verfasser von seiner persönlichen Ansicht, wie er sie ausgesprochen und begründet hatte, in diesem Punkte nicht abgehen zu müssen.

Was ihn sonst auch bei der neuen Auflage leitete, war, das Licht über die Hauptsache, die Verpflichtung, nicht zu zerstreuen: deßhalb ist er mit Bedacht allen Fragen, die am Wege lagen, ausgewichen. Indessen ist der Inhalt des Syllabus, wie des Rundschreibens, bereits so sehr Gemeingut des allgemeinen Verständnisses geworden, daß der Zweifel, ob uns ein höheres Licht in ihm aufgegangen ist oder eine neben anderen menschlichen Ansichten, bald nicht mehr wird begriffen werden.

Paderborn, im October 1865.

Die VIII Decembris MDCCCLXIV

SS. Domini Nostri Pii IX.

Epistola Encyclica.

Venerabilibus Fratribus Patriarchis, Primatibus, Archiepiscopis et Episcopis universis gratiam et communionem Apostolicae sedis habentibus.

PIUS PP. IX.

Venerabiles Fratres, Salutem et Apostolicam Benedictionem.

Quanta cura ac pastorali vigilantia Romani Pontifices Praedecessores Nostri exsequentes demandatum sibi ab ipso Christo Domino in persona Beatissimi Petri Apostolorum Principis officium munusque pascendi agnos et oves nunquam intermiserint universum Dominicum gregem sedulo enutrire verbis fidei, ac salutari doctrina imbuere, eumque ab venenatis pascuis arcere, omnibus quidem ac Vobis praesertim compertum exploratumque est, Venerabiles Fratres. Et sane iidem Decessores Nostri augustae catholicae religionis, veritatis ac justitiae assertores et vindices, de animarum salute maxime solliciti nihil potius unquam habuere,

Den Ehrwürdigen Brüdern, den Patriarchen, Primaten, Erzbischöfen und Bischöfen insgesammt, welche mit dem Apostolischen Stuhle in Gnade und Gemeinschaft stehen.

Pius IX. Papst.

Ehrwürdige Brüder, Gruß und Apostolischer Segen!

Mit welcher Sorge und Hirtenwachsamkeit die Römischen Päpste, Unsere Vorgänger, nachkommend der Pflicht und dem Amt, welche ihnen von Christus dem Herrn selber in der Person des seligen Apostelfürsten Petrus übertragen worden sind, zu weiden die Lämmer und die Schafe, ununterbrochen die gesammte Heerde des Herrn mit allem Fleiße durch die Worte des Glaubens genährt, mit heilsamer Lehre unterwiesen und von vergifteten Weideplätzen abgehalten haben, ist Allen und Euch besonders, Ehrwürdige Brüder, auf's Vollkommenste bekannt. Und fürwahr, es haben eben diese Unsere Vorgänger als Beschirmer und Vertheidiger der erhabenen katholischen Religion, der Wahrheit und Gerechtigkeit, in ihrer höchsten Sorgfalt für

quam sapientissimis suis Litteris et Constitutionibus retegere et damnare omnes haereses et errores, qui Divinae Fidei nostrae, catholicae Ecclesiae Doctrinae, morum honestati, ac sempiternae hominum saluti adversi, graves frequenter excitarunt tempestates, et christianam civilemque rempublicam miserum in modum funestarunt. Quocirca iidem Decessores Nostri Apostolica fortitudine continenter obstiterunt nefariis iniquorum hominum molitionibus, qui despumantes tamquam fluctus feri maris confusiones suas, ac libertatem promittentes, cum servi sint corruptionis, fallacibus suis opinionibus et perniciosissimis scriptis catholicae religionis civilisque societatis fundamenta convellere, omnemque virtutem ac justitiam de medio tollere, omniumque animos mentesque depravare, et incautos imperitamque praesertim juventutem a recta morum disciplina avertere, eamque miserabiliter corrumpere, in erroris laqueos inducere, ac tandem ab Ecclesiae catholicae sinu avellere conati sunt.

Jam vero, uti Vobis, Venerabiles Fratres, apprime notum est, Nos vixdum arcano divinae providentiae consilio nullis certe Nostris meritis ad hanc Petri Cathedram evecti fuimus, cum videremus summo animi Nostri dolore horribilem sane procellam tot pravis opinionibus excitatam, et gravissima, ac nunquam satis lugenda damna, quae in christianum populum ex tot erroribus redundant, pro Apostolici Nostri Ministerii officio illustria Praedecessorum Nostrorum vestigia sectantes Nostram extulimus

das Heil der Seelen auf Nichts mehr je Bedacht genommen, als daß sie durch ihre so weisen Sendschreiben und Verordnungen aufdeckten und verdammten alle Ketzereien und Irrthümer, welche, unserm göttlichen Glauben, der Lehre der katholischen Kirche, den guten Sitten und dem ewigen Heile der Menschen zuwider, häufig schwere Stürme herauf beschworen haben und für Kirche und Staat von den verderblichsten Folgen waren. Daher widerstanden eben diese Unsere Vorgänger mit Apostolischem Starkmuthe in Einem fort den nichtswürdigen Umtrieben schlechter Menschen, welche, indem sie den Wogen des wildbewegten Meeres gleich ihre Schändlichkeiten ausschäumen und die Freiheit verheißen, da sie doch Knechte der Verderbniß sind, mit ihren betrüglichen Meinungen und höchst gefährlichen Schriften es versucht haben, die Grundlagen der katholischen Religion und der bürgerlichen Gesellschaft zu untergraben, alle Tugend und Gerechtigkeit zu beseitigen, aller Geist und Herz zu verderben, die Unvorsichtigen und namentlich die unerfahrene Jugend von der rechten Zucht der Sitten abzulenken und sie kläglich zu Grunde zu richten, in die Schlingen des Irrthums zu verstricken und endlich dem Schooße der katholischen Kirche zu entreißen.

Wie es nun aber Euch, Ehrwürdige Brüder, sehr wohl bekannt ist, haben Wir schon damals, als Wir eben erst, sicher ohne Unser Verdienst, durch geheimen Rathschluß der göttlichen Vorsehung auf diesen Stuhl Petri erhoben worden waren, bei dem Unsere Seele mit dem tiefsten Schmerze erfüllenden Anblicke des fürwahr schrecklichen Sturmes, den so viele schlechte Meinungen erregt haben, der so schweren und nie genug zu beklagenden Uebel, mit denen das christliche Volk in Folge so vieler Irrthümer überschüttet wird, der Pflicht Unseres Apostolischen Amtes gemäß den

vocem, ac pluribus in vulgus editis Encyclicis Epistolis et Allocutionibus in Consistorio habitis, aliisque Apostolicis Litteris praecipuos tristissimae nostrae aetatis errores damnavimus, eximiamque vestram episcopalem vigilantiam excitavimus, et universos catholicae Ecclesiae Nobis carissimos filios etiam atque etiam monuimus et exhortati sumus, ut tam dirae contagia pestis omnino horrerent et devitarent. Ac praesertim Nostra prima Encyclica Epistola die 9 Novembris anno 1846 Vobis scripta, binisque Allocutionibus, quarum altera die 9 Decembris anno 1854, altera vero 9 Junii anno 1862 in Consistorio a Nobis habita fuit, monstrosa opinionum portenta damnavimus, quae hac potissimum aetate cum maximo animarum damno, et civilis ipsius societatis detrimento dominantur, quaeque non solum catholicae Ecclesiae, ejusque salutari doctrinae ac venerandis juribus, verum etiam sempiternae naturali legi a Deo in omnium cordibus insculptae, rectaeque rationi maxime adversantur, et ex quibus alii prope omnes originem habent errores.

Etsi autem haud omiserimus potissimos hujusmodi errores saepe proscribere et reprobare, tamen catholicae Ecclesiae causa, animarumque salus Nobis divinitus commissa, atque ipsius humanae societatis bonum omnino postulant, ut iterum pastoralem vestram sollicitudinem excitemus ad alias pravas profligandas opiniones, quae ex eisdem erroribus, veluti ex fontibus erumpunt. Quae falsae ac perversae opiniones

ruhmreichen Fußstapfen Unserer Vorgänger folgend, Unsere Stimme erhoben und in mehreren veröffentlichten Encycliken und Consistorialallocutionen sowie in anderen Apostolischen Sendschreiben die hauptsächlichen Irrthümer unserer so traurigen Zeit verdammt und eure ausgezeichnete bischöfliche Wachsamkeit aufgerufen, auch die Uns so theueren Söhne der katholischen Kirche insgesammt immer und immer wieder gemahnt und aufgefordert, daß sie die Ansteckung einer so schrecklichen Pestseuche von ganzem Herzen verabscheuten und vermieden. Und insbesondere haben Wir in Unserem ersten Rundschreiben, am 9. November im Jahre 1846 an Euch erlassen, und in den beiden Allocutionen, wovon die eine am 9. December im Jahre 1854, die andere aber am 9. Juni im Jahre 1862 im Consistorium von Uns gehalten worden ist, jene ungeheuerlichen Ansichten verdammt, welche hauptsächlich in unserer Zeit, zum größten Schaden der Seelen und zum Nachtheile selbst der bürgerlichen Gesellschaft herrschen, und welche nicht allein der katholischen Kirche und ihrer heilsamen Lehre wie auch ihren ehrwürdigen Rechten, sondern auch dem ewigen Naturgesetz, das Gott in Aller Herzen eingeschrieben hat und der richtigen Vernunft höchst zuwider sind, aus denen auch nahezu alle anderen Irrthümer ihren Ursprung herleiten.

Obwohl Wir aber nicht unterlassen haben, die vornehmlichsten Irrthümer dieser Art oft zu ächten und zu verwerfen, so erheischen doch die Sache der katholischen Kirche und das Uns von Gott anvertraute Heil der Seelen sowie das Wohl der menschlichen Gesellschaft selber gebieterisch, daß Wir abermals Eure Hirtensorgfalt aufrufen, um andere schlechte Meinungen auszurotten, welche aus eben denselben Irrthümern als ihren Quellen hervorfließen. Diese falschen und verkehrten Meinungen sind um so mehr zu

eo magis detestandae sunt, quod eo potissimum spectant, ut impediatur et amoveatur, salutaris illa vis, quam catholica Ecclesia ex divini sui Auctoris institutione et mandato libere exercere debet usque ad consummationem saeculi non minus erga singulos homines, quam erga nationes, populos summosque eorum Principes, utque de medio tollatur mutua illa inter Sacerdotium et Imperium consiliorum societas et concordia, quae rei cum sacrae tum civili fausta semper extitit ac salutaris *). Etenim probe noscitis, Venerabiles Fratres, hoc tempore non paucos reperiri, qui civili consortio impium absurdumque *naturalismi*, uti vocant, principium applicantes audent docere, „optimam societatis publicae rationem civilemque progressum omnino requirere, ut humana societas constituatur et gubernetur, nullo habito ad religionem respectu, ac si ea non existeret, vel saltem nullo facto veram inter falsasque religiones discrimine." Atque contra sacrarum Litterarum, Ecclesiae sanctorumque Patrum doctrinam, asserere non dubitant, „optimam esse conditionem societatis, in qua Imperio non agnoscitur officium coercendi sanctis poenis violatores catholicae religionis, nisi quatenus pax publica postulet." Ex qua omnino falsa socialis regiminis idea haud timent erroneam illam fovere opinionem catholicae Ecclesiae, animarumque saluti maxime exitialem a rec. mem. Gregorio XVI Praedecessore Nostro *deliramentum* appellatam **); nimirum „libertatem con-

verabscheuen, als sie darauf hauptsächlich abzielen, zu verhindern und zu beseitigen jenen heilsamen Einfluß, welchen die katholische Kirche nach der Einsetzung und Weisung ihres göttlichen Urhebers frei ausüben soll bis zum Ende der Zeiten nicht weniger auf einzelne Menschen als auf Nationen, Völker und ihre obersten Fürsten; sowie aufzuheben jene wechselseitige Uebereinstimmung zwischen Priesterthum und Königthum in Rath und That, die dem staatlichen ebenso sehr als dem kirchlichen Gemeinwesen allezeit segen- und heilbringend gewesen ist. Denn Ihr wisset wohl, Ehrwürdige Brüder, daß zu dieser Zeit sich nicht Wenige finden, welche auf die staatliche Gemeinschaft das gottlose und widersinnige Princip des sogenannten Naturalismus anwenden und zu lehren sich erkühnen, „die beste Art von Staatswesen und der bürgerliche Fortschritt verlangen schlechtweg, daß die menschliche Gesellschaft eingerichtet und regiert werde ohne alle Rücksichtsnahme auf die Religion, als ob diese nicht vorhanden wäre, oder wenigstens ohne irgend welchen Unterschied zwischen der wahren und den falschen Religionen zu machen." Sodann tragen sie kein Bedenken, im Widerspruch mit der hl. Schrift, der Lehre der Kirche und der hl. Väter zu behaupten, „der beste Zustand der Gesellschaft sei der, in welchem der Regierungsgewalt nur so weit die Pflicht zuerkannt wird, mit gesetzlich bestimmten Strafen die Verletzer der katholischen Religion im Zaume zu halten, als es die öffentliche Sicherheit verlangt." In Folge dieser ganz falschen Vorstellung von der Regierung der Gesellschaft scheuen sie sich nicht, jene irrthümliche, der katholischen Kirche und dem Seelenheile höchst verderbliche Meinung zu hegen, welche von Unserm Vorgänger Gregor XVI. ehrw. Andenkens

---

*) Greg. XVI Epist. Enc. Mirari, 15 Aug. 1832.
**) End. Enc. Mirari.

scientiae et cultuum esse proprium cujuscumque hominis jus, quod lege proclamari et asseri debet in omni recte constituta societate, et jus civibus inesse ad omnimodam libertatem nulla vel ecclesiastica, vel civili auctoritate coarctandam, quo suos conceptus quoscumque sive voce, sive typis, sive alia ratione palam publiceque manifestare ac declarare valeant." Dum vero id temere affirmant, haud cogitant et considerant, quod *libertatem perditionis* *) praedicant, et quod „si humanis persuasionibus semper disceptare sit liberum, nunquam deesse poterunt, qui veritati audeant resultare, et de humanae sapientiae loquacitate confidere, cum hanc nocentissimam vanitatem quantum debeat fides et sapientia christiana vitare, ex ipsa Domini Nostri Jesu Christi institutione cognoscat" **).

Et quoniam ubi a civili societate fuit amota religio, ac repudiata divinae revelationis doctrina et auctoritas, vel ipsa germana justitiae humanique juris notio tenebris obscuratur et amittitur, atque in verae justitiae legitimique juris locum materialis substituitur vis, inde liquet cur nonnulli certissimis sanae rationis principiis penitus neglectis posthabitisque audeant conclamare, „voluntatem populi, publica, quam dicunt, opinione, vel alia ratione manifestatam constituere supremam legem ab omni divino humanoque jure solutam, et in ordine politico

ein Wahnfinn genannt wurde, die Meinung nämlich, „die Freiheit des Gewiſſens und der Culte ſei ein jedem Menſchen eigenes Recht, welches durch das Geſetz ausgeſprochen und feſtgeſtellt werden müſſe in jeder wohl conſtituirten Geſellſchaft, und die Bürger beſäßen das Recht auf die durch keine kirchliche oder ſtaatliche Behörde zu beſchränkende vollſtändige Freiheit, ihre Gedanken jeglicher Art, ſei es durch das mündliche Wort oder durch den Druck oder auf andere Weiſe zur Oeffentlichkeit bringen und ausſprechen zu können." Indem ſie aber Solches vermeſſentlich behaupten, bedenken und erwägen ſie nicht, daß ſie die Freiheit des Verderbens verkünden, und daß, „wenn es den menſchlichen Ueberzeugungen allezeit freiſteht, ſich in Streit einzulaſſen, niemals Solche fehlen werden, welche es wagen, der Wahrheit zu widerſtehen und auf die Geſchwätzigkeit menſchlicher Weisheit zu vertrauen, da der chriſtliche Glaube und die chriſtliche Weisheit aus der Unterweiſung Unſeres Herrn Jeſu Chriſti ſelbſt erkennen, wie ſehr ſie eine ſo ſchädliche Eitelkeit zu meiden haben."

Und weil, ſobald die Religion von der bürgerlichen Geſellſchaft genommen und die Lehre und das Anſehen der göttlichen Offenbarung verſchmäht iſt, auch der ächte Begriff der Gerechtigkeit und des menſchlichen Rechtes verdunkelt wird und verloren geht, ſowie an die Stelle der wahren Gerechtigkeit und des legitimen Rechtes die rohe Gewalt tritt, ſo iſt begreiflich, warum Einige mit gänzlicher Verkennung und Hintanſetzung der gewiſſeſten Grundſätze der geſunden Vernunft laut zu behaupten wagen, „der Wille des Volkes, der ſich durch die ſogenannte öffentliche Meinung oder auf andere Weiſe kundgibt, bilde das oberſte von allem göttlichen und menſchlichen

---

*) S. Aug. Epist. 105 al. 166.
**) S. Leo Epist. 164 al. 133, § 2. edit. Ball.

facta consummata, eo ipso quod consummata sunt vim juris habere." Verum ecquis non videt, planeque sentit, hominum societatem religionis ac verae justitiae vinculis solutam nullum aliud profecto propositum habere posse, nisi scopum comparandi cumulandique opes, nullamque aliam in suis actionibus legem sequi, nisi indomitam animi cupiditatem inserviendi propriis voluptatibus et commodis? Eapropter hujusmodi homines acerbo sane odio insectantur Religiosas Familias quamvis de re christiana, civili ac litteraria summopere meritas, et blaterant, easdem nullam habere legitimam existendi rationem, atque ita haereticorum commentis plaudunt. Nam, ut sapientissime rec. mem. Pius VI Decessor Noster docebat, „regularium abolitio laedit statum publicae [professionis consiliorum evangelicorum, laedit vivendi rationem in Ecclesia commendatam tamquam Apostolicae doctrinae consentaneam, laedit ipsos insignes fundatores, quos super altaribus veneramur, qui nonnisi a Deo inspirati eas constituerunt societates" *). Atque etiam impie pronuntiant, auferendam esse civibus et Ecclesiae facultatem „qua eleemosynas christianae charitatis causa palam erogare valeant," ac de medio tollendam legem „qua certis diebus opera servilia propter Dei cultum prohibentur" fallacissime praetextentes, commemoratam facultatem et legem optimae publicae oeconomiae principiis obsistere. Neque contenti amovere religionem a publica societate, volunt religionem ipsam a pri-

Rechte unabhängige Geſetz, und in der politiſchen Ordnung haben vollendete Thatſachen, eben dadurch, daß ſie vollendet ſind, ſchon Rechtskraft." Allein wer ſieht und erkennt nicht klar, daß die menſchliche Geſellſchaft, wenn ſie der Bande der Religion und der wahren Gerechtigkeit entlebigt iſt, fürwahr kein anderes Ziel ſich vorſtecken kann, als die Erwerbung und Anhäufung von Reichthum, und kein anderes Geſetz in ihren Handlungen zu befolgen vermag, als die ungezähmte Begierde des Herzens, den eigenen Gelüſten und Intereſſen dienſtbar zu werden? Deßhalb verfolgen ſolche Menſchen mit wahrhaft bitterm Haſſe die religiöſen Genoſſenſchaften, obwohl dieſelben um Chriſtenthum, Staatsweſen und Wiſſenſchaft die höchſten Verdienſte ſich erworben haben, und geben durch ihr ſinnloſes Gerede, eben dieſe Orden hätten keinen rechtmäßigen Grund zur Exiſtenz, den Lügen der Ketzer Recht. Denn, wie ſehr weiſe Unſer Vorfahre ehrw. Andenkens Pius VI. lehrte, „die Aufhebung der Orden verletzt den Stand des öffentlichen Bekenntniſſes der evangeliſchen Räthe, verletzt eine in der Kirche als mit der Apoſtoliſchen Lehre übereinſtimmend empfohlene Lebensweiſe, verletzt ſelbſt die ausgezeichneten Gründer, die wir auf den Altären verehren und welche nur auf göttliche Eingebung hin dieſe Geſellſchaften geſtiftet haben." Sobann iſt es eine gottloſe Anſicht, die ſie ausſprechen, man müſſe den Bürgern und der Kirche die Erlaubniß entziehen, „Almoſen um der chriſtlichen Liebe willen öffentlich auszutheilen", und das Geſetz beſeitigen, „durch welches an beſtimmten Tagen die knechtliche Arbeit um des Gottesdienſtes willen verboten wird", indem ſie höchſt betrüglich vorſchützen, die erwähnte Erlaubniß und Vorſchrift ſtehe den Grundſätzen einer

---

*) Epist. ad Card. De la Rochefoucault 10 Martii 1791.

vatis etiam arcere familiis. Etenim
funestissimum *Communismi* et *Socialismi* docentes ac profitentes errorem
asserunt „societatem domesticam seu
familiam totam suae existentiae rationem a jure dumtaxat civili mutuari; proindeque ex lege tantum
civili dimanare ac pendere jura omnia parentum in filios, cum primis
vero jus institutionis educationisque
curandae." Quibus impiis opinionibus, machinationibusque in id praecipue intendunt fallacissimi isti homines, ut salutifera catholicae Ecclesiae doctrina ac vis a juventutis
institutione et educatione prorsus
eliminetur, ac teneri flexibilesque
juvenum animi perniciosis quibusque
erroribus, vitiisque misere inficiantur
ac depraventur. Siquidem omnes,
qui rem tum sacram, tum publicam
perturbare, ac rectum societatis ordinem evertere, et jura omnia divina
et humana delere sunt conati, omnia
nefaria sua consilia, studia et operam
in improvidam praesertim juventutem decipiendam ac depravandam, ut
supra innuimus, semper contulerunt,
omnemque spem in ipsius juventutis
corruptela collocarunt. Quocirca
nunquam cessant utrumque clerum,
ex quo, veluti certissima historiae
monumenta splendide testantur, tot
magna in christianam, civilem et litterariam rempublicam commoda redundarunt, quibuscumque infandis
modis divexare, et edicere, ipsum
Clerum „utpote vero utilique scientiae et civilitatis progressui inimicum ab omni juventutis instituendae

tüchtigen Nationalökonomie entgegen.
Aber nicht zufrieden damit, die Religion
aus dem öffentlichen Leben zu verbannen, wollen sie dieselbe auch von dem
Privatkreise der Familien ausschließen.
Denn lehrend und bekennend den so
unheilvollen Irrthum des Communismus und Socialismus behaupten sie,
„daß die häusliche Gesellschaft oder Familie den ganzen Grund ihrer Existenz
einzig vom staatlichen Rechte entlehne;
und daß daher aus dem Staatsgesetze
allein sich herleiten und abstammen alle
Rechte der Eltern auf ihre Kinder, insbesondere aber das Recht, für den Unterricht und die Erziehung zu sorgen."
Mit solchen gottlosen Meinungen und
Umtrieben haben es diese betrügerischen
Menschen hauptsächlich darauf abgesehen,
daß die heilsame Lehre und Einwirkung
der katholischen Kirche von der Bildung
und Erziehung der Jugend gänzlich verdrängt und das zarte und biegsame Gemüth der Jugend mit allen möglichen
verderblichen Irrthümern und Lastern
kläglich angesteckt und verderbt werde.
Wie denn auch Alle, welche Kirche und
Staat unterwühlen und die rechte Ordnung der Gesellschaft umzustürzen sowie
alle göttlichen und menschlichen Rechte abzuschaffen versucht haben, alle ihre nichtswürdigen Pläne, Bestrebungen und Anstrengungen immer darauf gerichtet, die
unerfahrene Jugend besonders, wie wir
oben angedeutet haben, zu verführen und
zu bethören, und alle ihre Hoffnung auf
die Entsittlichung der Jugend gesetzt haben. Deßhalb hören sie niemals auf,
die Welt- und Ordensgeistlichkeit, welcher laut der glänzendsten Zeugnisse der
sichersten geschichtlichen Denkmale, Kirche,
Staat und Gelehrtenwelt so viele große
Förderungen im Ueberflusse verdanken,
auf alle mögliche unsägliche Weise zu
mißhandeln und öffentlich zu behaupten,
die Geistlichkeit „als ein Feind des wahren und nützlichen Fortschrittes der Wissenschaft und der Bildung müsse von

educandaeque cura et officio esse amovendum."

At vero alii instaurantes prava ac toties damnata novatorum commenta, insigni impudentia audent, Ecclesiae et hujus Apostolicae Sedis supremam auctoritatem a Christo Domino ei tributam civilis auctoritatis arbitrio subjicere, et omnia ejusdem Ecclesiae et Sedis jura denegare circa ea quae ad exteriorem ordinem pertinent. Namque ipsos minime pudet affirmare „Ecclesiae leges non obligare in conscientia, nisi cum promulgantur a civili potestate; acta et decreta Romanorum Pontificum ad religionem et Ecclesiam spectantia indigere sanctione et approbatione, vel minimum assensu potestatis civilis; constitutiones Apostolicas *), quibus damnantur clandestinae societates, sive in eis exigatur, sive non exigatur juramentum de secreto servando, carumque asseclae et fautores anathemate mulctantur, nullam habere vim in illis orbis regionibus ubi ejusmodi aggregationes tolerantur a civili gubernio; excommunicationem a concilio Tridentino et Romanis Pontificibus latam in eos, qui jura possessionesque Ecclesiae invadunt et usurpant, niti confusione ordinis spiritualis, ordinisque civilis ac politici ad mundanum dumtaxat bonum prosequendum; Ecclesiam nihil debere decernere, quod obstringere possit fidelium conscientias in ordine ad usum rerum temporalium; Ecclesiae jus non competere violatores legum

aller Sorge und amtlichen Stellung bei der Bildung und Erziehung der Jugend entfernt werden."

Andere aber frischen die schlechten und so oft verdammten Lügen der Neuerer auf und wagen es mit merkwürdiger Unverschämtheit, die oberste Gewalt der Kirche und dieses Apostolischen Stuhles, die sie von Christus dem Herrn empfangen, dem Gutdünken der staatlichen Gewalt zu unterwerfen und alle Rechte derselben Kirche und des hl. Stuhles bezüglich dessen zu bestreiten, was sich auf die äußere Ordnung bezieht. Sie schämen sich nämlich keineswegs zu behaupten: „die Gesetze der Kirche binden im Gewissen nur, wenn sie von der Staatsgewalt veröffentlicht werden; die Erlasse und Decrete der Römischen Päpste, die sich auf Religion und Kirche beziehen, bedürfen der Sanction und Genehmigung, oder wenigstens der Beistimmung der Staatsgewalt; die apostolischen Constitutionen, durch welche die geheimen Gesellschaften verdammt werden, möge von ihnen ein Eidschwur über Bewahrung des Geheimnisses gefordert werden oder nicht, sowie ihre Anhänger und Begünstiger mit dem Anathem belegt werden, hätten keine Gültigkeit in jenen Ländern, wo dergleichen Vereine von der Staatsregierung geduldet werden; die Excommunication, welche das Concil von Trient und die Römischen Päpste über diejenigen verhängt haben, welche in die Rechte und Besitzungen der Kirche übergreifen und sie an sich reißen, beruhen auf einer Vermischung der geistlichen Ordnung mit der bürgerlichen und politischen Ordnung, einzig um weltlichem Gut nachzugehen; die Kirche dürfe nichts entscheiden, was die Gewissen der Gläubigen in Bezug auf den Gebrauch der zeitlichen Dinge zu binden im Stande wäre; der Kirche

---

*) Clement. XII „*In eminenti.*" Bened. XIV „*Providas Romanorum.*" Pii VII „Ecclesiam." Leonis XII „Quo graviora."

suarum poenis temporalibus coercendi; conforme esse sacrae theologiae, jurisque publici principiis, bonorum proprietatem, quae ab Ecclesiis, a Familiis religiosis, aliisque locis piis possidentur, civili gubernio asserere et vindicare." Neque erubescunt palam publiceque profiteri hereticorum effatum et principium, ex quo tot perversae oriuntur sententiae atque errores. Dictitant enim „Ecclesiasticam potestatem non esse jure divino distinctam et independentem a potestate civili, neque ejusmodi distinctionem et independentiam servari posse, quin ab Ecclesia invadantur et usurpentur essentialia jura potestatis civilis." Atque silentio praeterire non possumus eorum audaciam, qui sanam non sustinentes doctrinam contendunt „illis Apostolicae Sedis judiciis et decretis, quorum objectum ad bonum generale Ecclesiae, ejusdemque jura, ac disciplinam spectare declaratur, dummodo fidei morumque dogmata non attingant, posse assensum et obedientiam detrectari absque peccato, et absque ulla catholicae professionis jactura." Quod quidem quantopere adversetur catholico dogmati plenae potestatis Romano Pontifici ab ipso Christo Domino divinitus collatae universalem pascendi, regendi et gubernandi Ecclesiam, nemo est qui non clare aperteque videat et intelligat.

In tanta igitur depravatarum opinionum perversitate, Nos Apostolici Nostri officii probe memores, ac de sanctissima nostra religione, de sana doctrina, et animarum salute Nobis

stehe das Recht nicht zu, die Uebertreter ihrer Gesetze mit zeitlichen Strafen im Zaume zu halten; es sei im Einklang mit den Grundsätzen der heutigen Theologie und des öffentlichen Rechtes, wenn man das Eigenthum der Güter, welche im Besitze von Kirchen, von religiösen Genossenschaften und andern frommen Stiftungen sich befinden, der Staatsregierung zueignet und zuerkennt." Auch erröthen sie nicht, offen sich zu der Lehre und dem Grundsatz der Häretiker zu bekennen, aus welchem so viele verkehrte Ansichten und Irrthümer entspringen. Sie geben nämlich vor, „die kirchliche Gewalt sei nicht durch göttliches Recht geschieden und unabhängig von der staatlichen Gewalt, noch lasse sich eine solche Geschiedenheit und Unabhängigkeit festhalten, ohne daß die Kirche sich wesentliche Rechte der Staatsgewalt widerrechtlich anmaße." Gleichfalls können wir die Verwegenheit Jener nicht mit Stillschweigen übergehen, welche die gesunde Lehre nicht ertragend behaupten, „man könne jenen Urtheilen und Decreten des Apostolischen Stuhles, deren Gegenstand sich erklärtermaßen auf das allgemeine Wohl der Kirche, ihre Rechte und Disciplin bezieht, so lange sie nicht die Dogmen des Glaubens und der Sitten berühren, Beistimmung und Gehorsam verweigern ohne Sünde und ohne irgend welche Beeinträchtigung des katholischen Bekenntnisses." Wie sehr diese Behauptung dem katholischen Dogma von der dem Römischen Papste von Christus dem Herrn selber göttlich verliehenen Vollgewalt, die gesammte Kirche zu weiden, zu leiten und zu regieren, widerstreite, muß Jedermann klar und offen sehen und erkennen.

Angesichts einer so großen Verkehrtheit der schlechten Meinungen haben Wir, Unserer Apostolischen Pflicht wohl eingedenk und für unsre heiligste Religion, die gesunde Lehre und das Uns von Gott anvertraute Heil der Seelen, wie

divinitus commissa, ac de ipsius humanae societatis bono maximo solliciti, Apostolicam Nostram vocem iterum extollere existimavimus. Itaque omnes et singulas pravas opiniones ac doctrinas singillatim hisce Litteris commemoratas auctoritate Nostra Apostolica reprobamus, proscribimus atque damnamus, easque ab omnibus catholicae Ecclesiae filiis, veluti reprobatas, proscriptas atque damnatas omnino haberi volumus et mandamus.

Ac praeter ea, optime scitis, Venerabiles Fratres, hisce temporibus omnis veritatis justitiaeque osores, et acerrimos nostrae religionis hostes, per pestiferos libros, libellos et ephemerides toto terrarum orbe dispersas populis illudentes, ac malitiose mentientes alias impias quasque disseminare doctrinas. Neque ignoratis, hac etiam nostra aetate, nonnullos reperiri, qui satanae spiritu permoti, et incitati eo impietatis devenerunt, ut Dominatorem Dominum Nostrum Jesum Christum negare, ejusque Divinitatem scelerata procacitate oppugnare non paveant. Hic vero haud possumus, quin maximis meritisque laudibus Vos efferamus, Venerabiles Fratres, qui episcopalem vestram vocem contra tantam impietatem omni zelo attollere minime omisistis.

Itaque hisce Nostris Litteris Vos iterum amantissime alloquimur, qui in sollicitudinis Nostrae partem vocati summo Nobis inter maximas Nostras acerbitates solatio, laetitiae et consolationi estis propter egregiam, qua praestatis, religionem, pietatem, ac propter mirum illum amorem, fidem et observantiam, qua No-

auch das Wohl der menschlichen Gesellschaft selbst höchst besorgt, abermals Unsere Apostolische Stimme erheben zu sollen geglaubt. Daher Wir alle und jede der schlechten Meinungen und Lehren einzeln, wie sie in diesem Schreiben erwähnt sind, kraft Unserer Apostolischen Autorität verwerfen, ächten und verdammen, und wollen und befehlen, daß sie von allen Söhnen der katholischen Kirche schlechthin als verworfen, geächtet und verdammt angesehen werden.

Außerdem wißt Ihr sehr wohl, Ehrwürdige Brüder, daß in unsern Zeiten die Hasser aller Wahrheit und Gerechtigkeit, die heftigsten Feinde unserer Religion, durch verpestete Bücher, Flugschriften und Zeitungen, welche über die ganze Erde hin zerstreut sind, die Völker zum Besten habend und böswillig lügend, andere gottlose Lehren jeglicher Art ausstreuen. Auch ist Euch nicht unbekannt, wie in unserer Zeit sich Einige finden, die vom Geiste Satans getrieben und aufgestachelt, in der Gottlosigkeit so weit gekommen sind, daß sie den Herrscher Jesus Christus unsern Herrn läugnen und mit verruchter Frechheit seine Gottheit zu bekämpfen sich nicht scheuen. Hier aber können Wir nicht umhin, höchstes und verdientes Lob Euch zu spenden, Ehrwürdige Brüder, die Ihr Euere bischöfliche Stimme gegen eine solche Gottlosigkeit mit allem Eifer zu erheben nicht gesäumt habt.

Wir wenden Uns deßhalb durch dieses Unser Schreiben auf's Neue mit innigster Liebe an Euch, die Ihr zur Theilnahme an Unserer Sorge berufen, Uns inmitten Unserer bittersten Leiden zum höchsten Trost, zur Freude und Erquickung gereichet um Eurer ausgezeichneten Gewissenhaftigkeit, Frömmigkeit und jener bewunderungswürdigen Liebe, Treue und Ergebenheit halber, womit

bis et huic Apostolicae Sedi concordissimis animis obstricti gravissimum episcopale vestrum ministerium strenue ac sedulo implere contenditis. Etenim ab eximio vestro pastorali zelo expectamus, ut assumentes gladium spiritus, quod est verbum Dei, et confortati in gratia Domini Nostri Jesu Christi velitis ingeminatis studiis quotidie magis prospicere, ut fideles curae vestrae concrediti „abstineant ab herbis noxiis, quas Jesus Christus non colit, quia non sunt plantatio Patris" *). Atque eisdem fidelibus inculcare nunquam desinite, omnem veram felicitatem in homines ex augusta nostra religione, ejusque doctrina et exercitio redundare, ac beatum esse populum, cujus Dominus Deus ejus **). Docete „catholicae Fidei fundamento regna subsistere ***), et nihil tam mortiferum, tam praeceps ad casum, tam expositum ad omnia pericula, si hoc solum nobis putantes posse sufficere, quod liberum arbitrium, cum nasceremur, accepimus, ultra jam a Domino nihil quaeramus, id est, auctoris nostri obliti, ejus potentiam, ut nos ostendamus liberos, abjuremus" †). Atque etiam ne omittatis docere „regiam potestatem non ad solum mundi regimen, sed maxime ad Ecclesiae praesidium esse collatam †††), et nihil esse quod civitatum Principibus et Regibus majori fructui gloriaeque esse possit, quam si, ut sapientissimus fortissimusque alter Prae-

Ihr Uns und diesem Apostolischen Stuhle in höchster Eintracht zugethan und Euer so schweres bischöfliches Amt rüstig und beflissen zu verwalten bestrebt seid. Denn von Eurem ausgezeichneten Hirteneifer erwarten Wir, daß Ihr, ergreifend das Schwert des Geistes, welches ist das Wort Gottes, und gestärkt in der Gnade Unseres Herrn Jesu Christi mit verdoppeltem Eifer täglich mehr vorsorgen wollet, daß die Eurer Sorge anvertrauten Gläubigen „sich von den schädlichen Kräutern enthalten, welche Jesus Christus nicht pflegt, weil sie keine Pflanzung seines Vaters sind." Unterlasset sodann niemals eben diesen Gläubigen einzuprägen, daß alles wahre Glück den Menschen aus unserer erhabenen Religion, ihrer Lehre und Uebung zufließt, und daß glücklich das Volk ist, dessen Herr sein Gott ist. Lehret, daß „auf dem Fundamente des katholischen Glaubens die Staaten Bestand haben, und Nichts so todbringend, so nahe dem Falle, so ausgesetzt allen Gefahren sei, als wenn wir, wähnend, das allein vermöge uns zu genügen, daß wir bei der Geburt ein freies Wahlvermögen empfangen haben, weiter Nichts mehr bei Gott suchen, das heißt, unseres Urhebers vergessend, seine Macht, um uns als frei zu erweisen, abschwören." Unterlasset auch nicht zu lehren, „daß die königliche Gewalt nicht allein zur Regierung der Welt, sondern vorzüglich zum Schutze der Kirche verliehen sei, und daß Nichts den Fürsten und Königen zu größerem Vortheile und Ruhme gereiche, als wenn sie, wie ein anderer überaus weiser und standhafter Vorgänger von Uns, der hl. Felix, an den Kaiser Zeno schrieb, die katholische Kirche nach ihren Gesetzen leben

---

*) S. Ignatius M. ad Philadelph. 3.
**) Psal. 143.
***) S. Caelest. epist. 22 ad Synod. Ephes. apud Coust. p. 1200.
†) S. Innocent. I. epist. 29 ad Episc. conc. Carthag. apud Coust. p. 891.
††) S. Leo Epist. 156 al. 125.

decessor Noster S. Felix Zenoni Imperatori perscribebat, Ecclesiam catholicam…. sinant uti legibus suis, nec libertati ejus quemquam permittant obsistere…. Certum est enim, hoc rebus suis esse salutare, ut, cum de causis Dei agatur, juxta ipsius constitutum regiam voluntatem Sacerdotibus Christi studeant subdere, non praeferre" *).

Sed si semper, Venerabiles Fratres, nunc potissimum in tantis Ecclesiae civilisque societatis calamitatibus, in tanta adversariorum contra rem catholicam, et hanc Apostolicam Sedem conspiratione tantaque errorum congerie, necesse omnino est, ut adeamus cum fiducia ad thronum gratiae, ut misericordiam consequamur, et gratiam inveniamus in auxilio opportuno. Quocirca omnium fidelium pietatem excitare existimavimus, ut una Nobiscum Vobisque clementissimum luminum et misericordiarum Patrem ferventissimis humillimisque precibus sine intermissione orent, et obsecrent, et in plenitudine fidei semper confugiant ad Dominum Nostrum Jesum Christum, qui redemit nos Deo in sanguine suo, Ejusque dulcissimum Cor flagrantissimae erga nos caritatis victimam enixe jugiterque exorent, ut amoris sui vinculis omnia ad seipsum trahat, utque omnes homines sanctissimo suo amore inflammati secundum cor ejus ambulent digne Deo per omnia placentes, in omni bono opere fructificantes. Cum autem sine dubio gratiores sint Deo hominum preces, si animis ab omni labe puris ad ipsum accedant, iccirco coelestes Ecclesiae thesauros dispensationi No-

laſſen und nicht erlauben, daß Jemand ihrer Freiheit widerſtehe…. Denn es iſt gewiß, daß dieß ihren Angelegenheiten förderlich iſt, ſich zu bemühen, wo es ſich um die Sachen Gottes handelt, nach ſeiner Anordnung ihren königlichen Willen den Prieſtern Chriſti unterzuordnen, nicht aber den Vorrang zu geben."

Wenn aber zu jeder Zeit, Ehrwürdige Brüder, ſo iſt es jetzt vornehmlich, bei ſo ſchweren Heimſuchungen von Kirche und Staat, bei dieſer ſo großen Verſchwörung der Feinde gegen die katholiſche Sache und dieſen Apoſtoliſchen Stuhl und ſolcher Anhäufung von Irrthümern unbedingt nothwendig, daß wir uns mit Vertrauen dem Throne der Gnade nahen, auf daß wir Barmherzigkeit erlangen und Gnade finden in gelegener Hülfe. Deßhalb haben Wir für gut erachtet, die Frömmigkeit aller Gläubigen anzufachen, daß ſie zugleich mit Uns und Euch den gnädigſten Vater des Lichtes und der Erbarmung durch die heißeſten und demüthigſten Gebete ohne Unterlaß anrufen und beſchwören und in der Fülle des Glaubens allezeit zu Unſerm Herrn Jeſus Chriſtus ihre Zuflucht nehmen, welcher uns Gott wieder erkauft hat in ſeinem Blute, und ſein ſüßeſtes Herz, dieſes Opfer der brennendſten Liebe gegen uns, inſtändig und immerfort anflehen, damit es durch die Bande ſeiner Liebe Alles an ſich ziehe, und daß alle Menſchen von ſeiner heiligſten Liebe entzündet nach ſeinem Herzen wandeln, würdig, Gott in Allem gefallend, in jeglichem guten Werke fruchtbar. Da aber ſonder Zweifel die Gebete der Menſchen Gott wohlgefälliger ſind, wenn ſie ſich ihm mit reinem, von jeglicher Schuld freien Herzen nahen, ſo haben Wir beſchloſſen, die himmli-

---

*) Pius VII. Epist. Encycl. „Diu satis." 15 Maii 1800.

strae commissos Christifidelibus Apostolica liberalitate reserare censuimus, ut iidem fideles ad veram pietatem vehementius incensi, ac per Poenitentiae Sacramentum a peccatorum maculis expiati fidentius suas preces ad Deum effundant, ejusque misericordiam et gratiam consequantur.

Hisce igitur Litteris auctoritate Nostra Apostolica omnibus et singulis utriusque sexus catholici orbis fidelibus Plenariam Indulgentiam ad instar Jubilaei concedimus intra unius tantum mensis spatium usque ad totum futurum annum 1865 et non ultra, a Vobis, Venerabiles Fratres, aliisque legitimis locorum Ordinariis statuendum, eodem prorsus modo et forma, qua ab initio supremi Nostri Pontificatus concessimus per Apostolicas Nostras Litteras in forma Brevis die 20 mensis Novembris anno 1846 datas, et ad universum episcopalem vestrum Ordinem missas, quarum initium „Arcano Divinae Providentiae consilio", et cum omnibus eisdem facultatibus, quae per ipsas Litteras a Nobis datae fuerunt. Volumus tamen, ut ea omnia serventur, quae in commemoratis Litteris praescripta sunt, et ea excipiantur quae excepta esse declaravimus. Atque id concedimus, non obstantibus in contrarium facientibus quibuscumque, etiam speciali et individua mentione ac derogatione dignis. Ut autem omnis dubitatio et difficultas amoveatur, earumdem Litterarum exemplar ad Vos perferri jussimus.

„Rogemus, Venerabiles Fratres, de

schen Schätze der Kirche, welche Unserer Verwaltung anvertraut sind, den Christgläubigen mit Apostolischer Freigebigkeit zu öffnen, damit eben dieselben Gläubigen zu wahrer Frömmigkeit stärker entflammt und durch das Sacrament der Buße von den Makeln der Sünden gereinigt, mit größerem Vertrauen ihre Gebete vor Gott ausgießen und seine Barmherzigkeit und Gnade erlangen mögen.

Durch dieses Unser Schreiben also verleihen Wir kraft Unserer Apostolischen Vollmacht allen und jeden Gläubigen beider Geschlechter auf dem katholischen Erdkreis einen vollkommenen Ablaß in der Weise eines Jubiläums im Laufe des Jahres 1865 und nicht darüber hinaus, innerhalb der Zeitfrist Eines Monats nur, welche von Euch, Ehrwürdige Brüder, und andern rechtmäßigen Diöcesanbischöfen festzustellen ist; und zwar thun Wir dieses in derselben Weise und Form, in welcher Wir einen solchen beim Beginne Unseres Pontificates bewilligt durch Unser Apostolisches Sendschreiben, in Form eines Breve am 20. November 1846 erlassen, und an Euren gesammten bischöflichen Stand versendet, dessen Anfangsworte „Arcano Divinae Providentiae consilio" lauten, und ganz mit denselben Vollmachten, welche durch das Schreiben selber von Uns gegeben worden sind. Wir wollen jedoch, daß all' das beobachtet werde, was in dem erwähnten Sendschreiben vorgeschrieben ist, und das ausgenommen sei, was Wir als ausgenommen erklärt haben. Und das bewilligen Wir, unbehindert durch Alles, was immer entgegenstehen möchte, auch wenn es einer besondern und Einzelerwähnung und Aufhebung werth wäre. Damit aber jeglicher Zweifel und jede Schwierigkeit beseitigt werde, haben Wir verfügt, daß ein Exemplar eben dieses Sendschreibens Euch zugesendet werde.

„Lasset uns, Ehrwürdige Brüder, aus

intimo corde et de tota mente misericordiam Dei, quia et ipse addidit dicens: misericordiam autem meam non dispergam ab eis. Petamus et accipicmus, et si accipiendi mora et tarditas fuerit quoniam graviter offendimus, pulsemus, quia et pulsanti aperietur, si modo pulsent ostium preces, gemitus, et lacrymae nostrae quibus insistere et immorari oportet, et si sit unanimis oratio.... unusquisque oret Deum non pro se tantum sed pro omnibus fratribus, sicut Dominus orare nos docuit" *). Quo vero facilius Deus Nostris Vestrisque et omnium fidelium precibus, votisque annuat, cum omni fiducia deprecatricem apud Eum adhibeamus Immaculatam sanctissimamque Deiparam Virginem Mariam quae cunctas baereses interemit in universo mundo, quaeque omnium nostrum amantissima Mater „tota suavis est... ac plena misericordiae... omnibus sese exorabilem, omnibus clementissimam praebet, omnium necessitates amplissimo quodam miseratur affectu" **), atque utpote Regina adstans a dextris Unigeniti Filii sui Domini Nostri Jesu Christi in vestitu deaurato circumamicta varietate nihil est, quod ab eo impetrare non valeat. Suffragia quoque petamus Beatissimi Petri Apostolorum Principis, et Coapostoli ejus Pauli, omniumque Sanctorum Coelitum, qui facti jam amici Dei pervenerunt ad coelestia regna, et coronati possident palmam, ac de sua immortalitate securi, de nostra sunt salute solliciti.

innerſtem Herzensgrunde und von ganzer Seele die Barmherzigkeit Gottes erflehen, weil er auch ſelber beigeſetzt hat, ſprechend: meine Barmherzigkeit aber will ich nicht von ihnen wegnehmen. Laſſet uns bitten, ſo werden wir empfangen, und wenn die Erhörung zu lange auf ſich warten läßt, weil wir ihn ſchwer beleidigt haben, ſo wollen wir anklopfen, weil auch dem Anklopfenden wird aufgethan werden, wenn nur unſere Bitten, Seufzer und Thränen, wobei wir inſtändig und beharrlich ſein müſſen, wirklich anklopfen und das Gebet einmüthig iſt.... ein Jeder bitte zu Gott, nicht allein für ſich, ſondern für alle Brüder, wie der Herr uns zu beten gelehrt hat." Damit aber Gott Unſern und Euern und aller Gläubigen Gebeten und Wünſchen gnädiges Gehör ſchenke, ſo laßt uns mit allem Vertrauen bei ihm als unſere Fürſprecherin die unbefleckte ſeligſte Gottesgebärerin und Jungfrau Maria zu Hülfe nehmen, welche alle Häreſien vernichtet hat in der ganzen Welt, und welche als liebevollſte Mutter unſer Aller „ganz lieblich iſt und voll Barmherzigkeit... Aller Bitten zugänglich iſt und als überaus huldreich ſich erweiſt, und Aller Nöthen ſich mit weiteſtem Herzen erbarmt", und als Königin, welche zur Rechten ihres Eingebornen Sohnes, Unſeres Herrn Jeſu Chriſti, daſteht, in goldenem Gewande mit buntem Schmucke umkleidet, Alles von ihm zu erlangen vermag. Laſſet uns auch die Fürbitte des ſeligen Apoſtelfürſten Petrus und ſeines Mitapoſtels Paulus erflehen, ſowie aller heiligen Himmelsbewohner, welche bereits zu Freunden Gottes erhoben in die himmliſchen Reiche gelangt ſind und im Beſitze der Krone und der Siegespalme und ihrer eigenen Unſterblichkeit ſicher, um unſer Heil beſorgt ſind.

---

*) S. Cyprian. Epist. 11.
**) S. Bernard. Serm. de duodecim praerogativis B. V. M. ex verbis Apocal.

Denique coelestium omnium donorum copiam Vobis a Deo ex animo adprecantes singularis Nostrae in Vos charitatis pignus Apostolicam Benedictionem ex intimo corde profectam Vobis ipsis, Venerabiles Fratres, cunctisque Clericis, Laicisque fidelibus curae vestrae commissis peramanter impertimus. Datum Romae apud S. Petrum, die VIII Decembris anno 1864, decimo a dogmatica Definitione Immaculatae Conceptionis Deiparae Virginis Mariae. Pontificatus Nostri Anno Decimo Nono.

Pius PP. IX.

Indem Wir Euch zum Schluſſe die Fülle aller himmliſchen Gaben von Gott aus ganzer Seele wünſchen, ertheilen Wir, als Unterpfand Unſerer beſonderen Liebe gegen Euch, aus innerſtem Herzen liebreichſt den Apoſtoliſchen Segen, Euch ſelber, Ehrwürdige Brüder, den Geiſtlichen insgeſammt und den gläubigen Laien, die Eurer Sorgfalt anvertraut ſind.

Gegeben zu Rom, bei Sanct Peter, am 8. Dezember im Jahre 1864, dem zehnten ſeit der dogmatiſchen Definition der Unbefleckten Empfängniß der jungfräulichen Gottesgebärerin Maria, Unſeres Pontificats im neunzehnten Jahre.

Pius IX. Papſt.

Syllabus

complectens praecipuos nostrae aetatis errores

qui notantur in Allocutionibus Consistorialibus in Encyclicis aliisque Apostolicis Litteris Sanctissimi Domini nostri Pii Papae IX.

§ I. *Pantheismus, Naturalismus et Rationalismus absolutus.*

1. Nullum supremum, sapientissimum, providentissimumque Numen divinum existit ab hac rerum universitate distinctum, et Deus idem est ac rerum natura et iccirco immutationibus obnoxius, Deusque reapse fit in homine et mundo, atque omnia Deus sunt et ipsissimam Dei habent substantiam; ac una eademque res est Deus cum mundo, et proinde spi-

Verzeichniß

der hauptſächlichſten Irrthümer unſerer Zeit,

welche in den Conſiſtorial-Allocutionen, in den Encycliken und andern Apoſtoliſchen Sendſchreiben unſeres heiligſten Vaters Papſt Pius' IX. gerügt werden.

§ I. **Pantheismus, Naturalismus und abſoluter Rationalismus.**

1. Es gibt kein höchſtes, weiſeſtes, allvorſehendes göttliches Weſen, unterſchieden vom Weltall, und Gott iſt Eins und dasſelbe mit der Natur und deßhalb Veränderungen unterworfen, und Gott wird in der That im Menſchen und in der Welt; Alles iſt Gott und hat die eigenſte Weſenheit Gottes; Ein und Dasſelbe ſind Gott und Welt, und ebenſo Geiſt und Materie, Nothwendigkeit

ritus cum materia, necessitas cum libertate, verum cum falso, bonum cum malo, et justum cum injusto.
Alloc. *Maxima quidem* 9 Junii 1862.

2. Neganda est omnis Dei actio in homines et mundum.
Alloc. *Maxima quidem* 9 Junii 1862.

3. Humana ratio, nullo prorsus Dei respectu habito, unicus est veri et falsi, boni et mali arbiter, sibi ipsi est lex et naturalibus suis viribus ad hominum ac populorum bonum curandum sufficit.
Alloc. *Maxima quidem* 9 Junii 1862.

4. Omnes religionis veritates ex nativa humanae rationis vi derivant; hinc ratio est princeps norma qua homo cognitionem omnium cujuscumque generis veritatum assequi possit ac debeat.
Epist. encycl. *Qui pluribus* 9 Novembris 1846.
Epist. encycl. *Singulari quidem* 17 Martii 1856.
Alloc. *Maxima quidem* 9 Junii 1862.

5. Divina revelatio est imperfecta et iccirco subjecta continuo et indefinito progressui qui humanae rationis progressioni respondeat.
Epist. encycl. *Qui pluribus* 9 Novembris 1846.
Alloc. *Maxima quidem* 9 Junii 1862.

6. Christi fides humanae refragatur rationi; divinaque revelatio non solum nihil prodest, verum etiam nocet hominis perfectioni.
Epist. encycl. *Qui pluribus* 9 Novembris 1846.
Alloc. *Maxima quidem* 9 Junii 1862.

7. Prophetiae et miracula in sacris Litteris exposita et narrata sunt poetarum commenta, et christianae fidei mysteria philosophicarum investigationum summa; et utriusque Testa-

und Freiheit, Wahr und Falsch, Gut und Bös, Gerecht und Ungerecht.
Alloc. *Maxima quidem* vom 9. Juni 1862.

2. Jede Einwirkung Gottes auf die Menschen und die Welt muß geläugnet werden.
Alloc. *Maxima quidem* vom 9. Juni 1862.

3. Die menschliche Vernunft ist, ohne irgendwie Rücksicht auf Gott zu nehmen, der einzige Schiedsrichter über Wahr und Falsch, Gut und Böse; ist sich selber Gesetz und reicht mit ihren natürlichen Kräften aus, das Wohl der Einzelnen und der Völker zu bewirken.
Alloc. *Maxima quidem* vom 9. Juni 1862.

4. Alle Wahrheiten der Religion fließen aus der der menschlichen Vernunft von Natur eigenen Kraft; daher ist die Vernunft die oberste Norm, durch welche der Mensch die Erkenntniß aller Wahrheiten jeglicher Art erlangen kann und soll.
Encyclica *Qui pluribus* vom 9. November 1846.
Encyclica *Singulari quidem* vom 17. März 1856.
Alloc. *Maxima quidem* vom 9. Juni 1862.

5. Die göttliche Offenbarung ist unvollkommen und deßhalb einem ununterbrochenen und unbegrenzten Fortschritte, welcher dem Fortschreiten der menschlichen Vernunft entspricht, unterworfen.
Encycl. *Qui pluribus* vom 9. November 1846.
Alloc. *Maxima quidem* vom 9. Juni 1862.

6. Der christliche Glaube widerstrebt der menschlichen Vernunft, und die göttliche Offenbarung ist der Vervollkommnung des Menschen nicht allein nicht förderlich, sondern auch schädlich.
Encycl. *Qui pluribus* vom 9. November 1846.
Alloc. *Maxima quidem* vom 9. Juni 1862.

7. Die in der hl. Schrift vorgetragenen und berichteten Weissagungen und Wunder sind Erfindungen von Dichtern, und die Geheimnisse des christlichen Glaubens ein Inbegriff von philosophischen

menti libris mythica continentur inventa; ipseque Jesus Christus est mythica fictio.
Epist. encycl. *Qui pluribus* 9 Novembris 1846.
Alloc. *Maxima quidem* 9 Junii 1862.

Forschungen; in den Büchern beider Testamente finden sich mythische Erdichtungen, und Jesus Christus selber ist eine Mythe.
Encycl. *Qui pluribus* vom 9. November 1846.
Alloc. *Maxima quidem* vom 9. Juni 1862.

§ II. Rationalismus moderatus.

8. Quum ratio humana ipsi religioni aequiparetur, iccirco theologicae disciplinae perinde ac philosophicae tractandae sunt.
Alloc. *Singulari quadam perfusi* 9 Decembris 1854.

9. Omnia indiscriminatim dogmata religionis christianae sunt objectum naturalis scientiae seu philosophiae; et humana ratio historice tantum exculta potest ex suis naturalibus viribus et principiis ad veram de omnibus etiam reconditioribus dogmatibus scientiam pervenire, modo haec dogmata ipsi rationi tamquam objectum proposita fuerint.
Epist. ad Archiep. Frising. *Gravissimas* 11 Decembris 1862.
Epist. ad eumdem *Tuas libenter* 21 Decembris 1863.

10. Quum aliud sit philosophus, aliud philosophia, ille jus et officium habet se submittendi auctoritati, quam veram ipse probaverit; at philosophia neque potest, neque debet ulli sese submittere auctoritati.
Epist. ad Archiep. Frising. *Gravissimas* 11 Decembris 1862.
Epist. ad eundem *Tuas libenter* 21 Decembris 1863.

11. Ecclesia non solum non debet in philosophiam unquam animadvertere, verum etiam debet ipsius philosophiae tolerare errores,
Encyclica I.

§ II. Gemäßigter Rationalismus.

8. Da die menschliche Vernunft der Religion selber gleichkommt, so sind deßhalb die theologischen Wissenschaften ebenso wie die philosophischen zu behandeln.
Alloc. *Singulari quadam perfusi* vom 9. Dezember 1854.

9. Alle Dogmen der christlichen Religion ohne Unterschied sind Gegenstand des natürlichen Wissens oder der Philosophie; und die natürliche Vernunft, wenn sie nur historisch gebildet ist, vermag aus ihren natürlichen Kräften und Principien zu einem wahren Wissen über alle, auch die mehr verborgenen Dogmen zu gelangen, vorausgesetzt, daß diese Dogmen derselben Vernunft als Gegenstand vorgestellt seien.
Schreiben an den Erzbischof von München-Freysing *Gravissimas* vom 11. Dezember 1862.
Schreiben an Denselben *Tuas libenter* vom 21. Dezember 1863.

10. Da etwas Anderes der Philosoph und etwas Anderes die Philosophie ist, so hat jener das Recht und die Pflicht, sich der Autorität, die er selber als wahr erfunden hat, zu unterwerfen; aber die Philosophie kann weder, noch soll sie sich irgend welcher Autorität unterwerfen.
Schreiben an den Erzbischof von München-Freysing *Gravissimas* vom 11. Dezember 1862.
Schreiben an Denselben *Tuas libenter* vom 21. Dezember 1863.

11. Die Kirche soll nicht allein niemals gegen die Philosophie einschreiten, sondern sie soll auch die Irrthümer eben dieser Philosophie dulden und

eique relinquere ut ipsa se corrigat.
Epist. ad Archiep. Frising. *Gravissimas* 11 Decembris 1862.

12. Apostolicae Sedis romanarumque Congregationum decreta liberum scientiae progressum impediunt.
Epist. ad Archiep. Frising. *Tuas libenter* 21 Decembris 1863.

13. Methodus et principia, quibus antiqui Doctores scholastici Theologiam excoluerunt, temporum nostrorum necessitatibus scientiarumque progressui minime congruunt.
Epist. ad Archiep. Frising. *Tuas libenter* 21 Decembris 1863.

14. Philosophia tractanda est, nulla supernaturalis revelationis habita ratione.
Epist. ad Archiep. Frising. *Tuas libenter* 21 Decembris 1863.
NB. Cum rationalismi systemate cohaerent maximam partem errores Antonii Günther, qui damnantur in Epist. ad Card. Archiep. Coloniensem *Eximiam tuam* 15 Junii 1857, et in Epist. ad Episc. Wratislaviensem *Dolore haud mediocri* 30 Aprilis 1860.

§ III. *Indifferentismus, Latitudinarismus.*

15. Liberum cuique homini est eam amplecti ac profiteri religionem, quam rationis lumine quis ductus veram putaverit.
Litt. Apost. *Multiplices inter* 10 Junii 1851.
Alloc. *Maxima quidem* 9 Junii 1862.

16. Homines in cujusvis religionis cultu viam aeternae salutis reperire

es ihr selber überlassen, sich zu verbessern.
Schreiben an den Erzbischof von München-Freysing *Gravissimas* vom 11. Dezember 1862.

12. Die Erlasse des Apostolischen Stuhles und der römischen Congregationen hindern den freien Fortschritt der Wissenschaft.
Schreiben an den Erzbischof von München-Freysing *Tuas libenter* vom 21. Dezember 1863.

13. Die Methode und die Principien, nach denen die scholastischen Lehrer der Vorzeit die Theologie ausgebildet haben, entsprechen keineswegs den Bedürfnissen unserer Zeit und ihrem Fortschritte in den Wissenschaften.
Schreiben an den Erzbischof von München-Freysing *Tuas libenter* vom 21. Dezember 1863.

14. Die Philosophie ist zu betreiben, ohne daß irgend welche Rücksicht auf die übernatürliche Offenbarung genommen wird.
Schreiben an den Erzbischof von München-Freysing *Tuas libenter* vom 21. Dezember 1863.
Anm. Mit dem Systeme des Rationalismus hängen zum größten Theile die Irrthümer von Anton Günther zusammen, welche verurtheilt werden in dem Schreiben an den Cardinalerzbischof von Köln *Eximiam tuam* vom 15. Juni 1857, und in dem Schreiben an den Bischof von Breslau *Dolore haud mediocri* vom 30. April 1860.

§ III. Indifferentismus, Latitudinarismus.

15. Es steht jedem Menschen frei, diejenige Religion anzunehmen und zu bekennen, welche Einer, vom Lichte der Vernunft geleitet, für wahr hält.
Apostol. Sendschreiben *Multiplices inter* vom 10. Juni 1851.
Alloc. *Maxima quidem* vom 9. Juni 1862.

16. Die Menschen können bei Beobachtung jeder beliebigen Religion den

aeternamque salutem assequi possunt.
Epist. encycl. *Qui pluribus* 8 Novembris 1846.
Alloc. *Ubi primum* 17 Decembris 1847.
Epist. encycl. *Singulari quidem* 17 Martii 1856.

17. Saltem bene sperandum est de aeterna illorum omnium salute, qui in vera Christi Ecclesia nequaquam versantur.
Alloc. *Singulari quadam* 9 Decembris 1854.
Epist. encycl. *Quanto conficiamur* 10 Augusti 1863.

18. Protestantismus non aliud est quam diversa verae ejusdem christianae religionis forma, in qua aeque ac in Ecclesia catholica Deo placere datum est.
Epist. encycl. *Noscitis et Nobiscum* 8 Decembris 1849.

§ IV. *Socialismus, Communismus, Societates clandestinae, Societates biblicae, Societates clerico-liberales.*

Ejusmodi pestes saepe gravissimisque verborum formulis reprobantur in Epist. encycl. *Qui pluribus* 9 Novembris 1846; in Alloc. *Quibus quantisque* 20 Aprilis 1849; in Epist. encycl. *Noscitis et Nobiscum* 8 Dec. 1849; in Alloc. *Singulari quadam* 9 Dec. 1854; in Epist. Encycl. *Quanto conficiamur moerore* 10 Augusti 1863.

§ V. *Errores de Ecclesia ejusque juribus.*

19. Ecclesia non est vera perfectaque societas plane libera, nec pollet suis propriis et constantibus juribus sibi a divino suo fundatore collatis, sed civilis potestatis est definire quae sint Ecclesiae jura ac li-

Weg des ewigen Heiles finden und das ewige Heil erreichen.
Encycl. *Qui pluribus* vom 9. November 1846.
Alloc. *Ubi primum* vom 17. Dezember 1847.
Encycl. *Singulari quidem* vom 17. März 1856.

17. Wenigstens muß man gute Hoffnung hegen bezüglich des ewigen Heiles aller Jener, welche in der wahren Kirche Christi sich auf keine Weise befinden.
Alloc. *Singulari quadam* vom 9. Dezember 1854.
Encycl. *Quanto conficiamur* vom 10. August 1863.

18. Der Protestantismus ist nichts Anderes, als eine verschiedene Form einer und derselben wahren, christlichen Religion, in welcher Form es ebensowohl möglich ist, Gott zu gefallen, als in der katholischen Kirche.
Encycl. *Noscitis et Nobiscum* vom 8. Dezember 1849.

§ IV. Socialismus, Communismus, geheime Gesellschaften, Bibelgesellschaften, clerical-liberale Gesellschaften.

Diese verderbenbringenden Vereine werden oft, und zwar in den ernstesten Ausdrücken verworfen in der Encycl. *Qui pluribus* vom 9. November 1846; in der Alloc. *Quibus quantisque* vom 20. April 1849; in der Encycl. *Noscitis et Nobiscum* vom 8. Dezember 1849; in der Alloc. *Singulari quadam* vom 9. Dezember 1854; in der Encycl. *Quanto conficiamur moerore* vom 10. August 1863.

§ V. Irrthümer über die Kirche und ihre Rechte.

19. Die Kirche ist keine wahre, vollkommene, völlig freie Gesellschaft, noch besitzt sie ihre eigenen, beständigen, von ihrem göttlichen Gründer ihr verliehenen Rechte, sondern der Staatsgewalt steht es zu, zu bestimmen, welches die Rechte

2*

mites, intra quos eadem jura exercere queat.

Alloc. *Singulari quadam* 9 Decembris 1854.

Alloc. *Multis gravibusque* 17 Decembris 1860.

Alloc. *Maxima quidem* 9 Junii 1862.

20. Ecclesiastica potestas suam auctoritatem exercere non debet absque civilis gubernii venia et assensu.

Alloc. *Meminit unusquisque* 30 Septembris 1861.

21. Ecclesia non habet potestatem dogmatice definiendi, religionem catholicae Ecclesiae esse unice veram religionem.

Litt. Apost. *Multiplices inter* 10 Junii 1851.

22. Obligatio, qua catholici magistri et scriptores omnino adstringuntur, coarctatur in iis tantum, quae ab infallibili Ecclesiae judicio veluti fidei dogmata ab omnibus credenda proponuntur.

Epist. ad Archiep. Frising. *Tuas libenter* 21 Decembris 1863.

23. Romani Pontifices et Concilia oecumenica a limitibus suae potestatis recesserunt, jura Principum usurparunt, atque etiam in rebus fidei et morum definiendis errarunt.

Litt. Apost. *Multiplices inter* 10 Junii 1851.

24. Ecclesia vis inferendae potestatem non habet, neque potestatem ullam temporalem directam vel indirectam.

Litt. Apost. *Ad apostolicae* 22 Augusti 1851.

25. Praeter potestatem episcopatui inhaerentem, alia est attributa temporalis potestas a civili imperio vel expresse vel tacite concessa, revo-

der Kirche und die Grenzen sind, innerhalb deren sie eben diese Rechte ausüben dürfe.

Alloc. *Singulari quadam* vom 9. Dezember 1854.

Alloc. *Multis gravibusque* vom 17. Dezember 1860.

Alloc. *Maxima quidem* vom 9. Juni 1862.

20. Die kirchliche Gewalt darf von ihrer Vollmacht keinen Gebrauch machen ohne die Erlaubniß und Zustimmung der Staatsregierung.

Alloc. *Miminit unusquisque* vom 30. September 1861.

21. Die Kirche hat keine Gewalt, dogmatisch festzustellen, daß die Religion der katholischen Kirche die einzig wahre Religion sei.

Apost. Sendschreiben *Multiplices inter* vom 10. Juni 1851.

22. Die Verpflichtung, welche katholische Lehrer und Schriftsteller unbedingt bindet, ist nur auf Dasjenige beschränkt, was von dem unfehlbaren Urtheil der Kirche als von Allen zu glaubendes Dogma vorgestellt wird.

Schreiben an den Erzbischof von München-Freysing *Tuas libenter* vom 21. Dezember 1863.

23. Die römischen Päpste und die allgemeinen Concilien haben die Grenzen ihrer Gewalt überschritten, Rechte der Fürsten sich angemaßt und selbst bei Definirung von Gegenständen des Glaubens und der Sitten geirrt.

Apost. Sendschreiben *Multiplices inter* vom 10. Juni 1851.

24. Die Kirche hat nicht die Gewalt, Zwang anzuthun, noch irgendwelche directe oder indirecte zeitliche Gewalt.

Apost. Sendschreiben *Ad apostolicae* vom 22. August 1851.

25. Außer der dem Episcopat innewohnenden Gewalt ist ihm eine andere zeitliche Gewalt verliehen, welche vom Staate entweder ausdrücklich oder still-

canda propterea, cum libuerit, a civili imperio.
Litt. Apost. *Ad apostolicae* 22 Augusti 1851.

26. Ecclesia non habet nativum ac legitimum jus acquirendi ac possidendi.
Alloc. *Nunquam fore* 15 Decembris 1856.
Epist. encycl. *Incredibili* 17 Septembris 1863.

27. Sacri Ecclesiae ministri Romanusque Pontifex ab omni rerum temporalium cura ac dominio sunt omnino excludendi.
Alloc. *Maxima quidem* 9 Junii 1862.

28. Episcopis, sine Gubernii venia, fas non est vel ipsas apostolicas litteras promulgare.
Alloc. *Nunquam fore* 15 Decembris 1856.

29. Gratiae a Romano Pontifice concessae existimari debent tamquam irritae, nisi per Gubernium fuerint imploratae.
Alloc. *Nunquam fore* 15 Decembris 1856.

30. Ecclesiae et personarum ecclesiasticarum immunitas a jure civili ortum habuit.
Litt. Apost. *Multiplices inter* 10 Junii 1851.

31. Ecclesiasticum forum pro temporalibus clericorum causis sive civilibus sive criminalibus omnino de medio tollendum est, etiam inconsulta et reclamante Apostolica Sede.
Alloc. *Acerbissimum* 27 Septembris 1852.
Alloc. *Nunquam fore* 15 Decembris 1856.

32. Absque ulla naturalis juris et aequitatis violatione potest abrogari personalis immunitas, qua clerici ab onere subeundae exercendaeque mi-

schweigend zugestanden worden ist, und daher vom Staate nach Belieben widerrufen werden kann.
Apost. Sendschreiben *Ad apostolicae* vom 22. August 1851.

26. Die Kirche hat kein ihr von Natur eigenes und legitimes Recht, zu erwerben und zu besitzen.
Alloc. *Nunquam fore* vom 15. Dezember 1856.
Encycl. *Incredibili* vom 17. September 1863.

27. Die Diener der Kirche und der Römische Papst sind von aller Sorge für das Zeitliche und von jeglichem Eigenthume gänzlich auszuschließen.
Alloc. *Maxima quidem* vom 9. Juni 1862.

28. Den Bischöfen steht es ohne Erlaubniß der Regierung nicht zu, auch nur die apostolischen Sendschreiben zu veröffentlichen.
Alloc. *Nunquam fore* vom 15. Dezember 1856.

29. Die vom Römischen Papste bewilligten Gnaden müssen als ungültig erachtet werden, wenn sie nicht durch die Regierung erbeten worden sind.
Alloc. *Nunquam fore* vom 15. Dezember 1856.

30. Die Immunität der Kirche und der kirchlichen Personen hatte ihren Ursprung im bürgerlichen Recht.
Apost. Sendschreiben *Multiplices inter* vom 10. Juni 1851.

31. Das geistliche Gericht für die zeitlichen Rechtssachen der Geistlichen, sei es in Civil- oder Criminalfällen, ist gänzlich abzuschaffen, auch ohne vorgängiges Befragen und trotz des Einspruches des hl. Stuhles.
Alloc. *Acerbissimum* vom 27. September 1852.
Alloc. *Nunquam fore* vom 15. Dezember 1856.

32. Ohne alle Verletzung des natürlichen Rechtes und der Billigkeit kann man die persönliche Immunität, kraft welcher die Geistlichen von der Last, zum

litiae eximuntur; hanc vero abrogationem postulat civilis progressus, maxime in societate ad formam liberioris regiminis constituta.

Epist. ad Episc. Montisregal. *Singularis Nobisque* 29 Septembris 1864.

33. Non pertinet unice ad ecclesiasticam jurisdictionis potestatem proprio ac nativo jure dirigere theologicarum rerum doctrinam.

Epist. ad Archiep. Frising. *Tuas libenter* 21 Decembris 1863.

34. Doctrina comparantium Romanum Pontificem Principi libero et agenti in universa Ecclesia, doctrina est quae medio aevo praevaluit.

Litt. Apost. *Ad apostolicae* 22 Augusti 1851.

35. Nihil vetat, alicujus Concilii generalis sententia aut universorum populorum facta, summum Pontificatum ab Romano Episcopo atque Urbe ad alium Episcopum aliamque civitatem transferri.

Litt. Apost. *Ad apostolicae* 22 Augusti 1851.

36. Nationalis concilii definitio nullam aliam admittit disputationem, civilisque administratio rem ad hosce terminos exigere potest.

Litt. Apost. *Ad apostolicae* 22 Augusti 1851.

37. Institui possunt nationales Ecclesiae ab auctoritate Romani Pontificis subductae planeque divisae.

Alloc. *Multis gravibusque* 17 Decembris 1860.

Alloc. *Jamdudum cernimus* 18 Martii 1861.

38. Divisioni Ecclesiae in orienta-

Kriegsdienste herangezogen und verwendet zu werden, befreit werden, abschaffen; diese Abschaffung aber heischt der politische Fortschritt, besonders in einem mit freierer Verfassung ausgerüsteten Gemeinwesen.

Schreiben an den Bischof von Montreal *Singularis Nobisque* vom 29. September 1864.

33. Es gehört nicht ausschließlich zu der kirchlichen Jurisdictionsgewalt, kraft eigenen, selbst überkommenen Rechtes die Lehre in den theologischen Gegenständen zu leiten.

Schreiben an den Erzbischof von Münchenfreysing *Tuas libenter* vom 21. Dezember 1863.

34. Die Lehre derjenigen, welche den Römischen Papst mit einem freien, in der Gesammtkirche regierenden Fürsten vergleichen, ist eine Lehre, die im Mittelalter zur Geltung gekommen ist.

Apost. Sendschreiben *Ad apostolicae* vom 22. August 1851.

35. Nichts steht im Weg, durch Beschluß eines allgemeinen Concils oder durch thatsächliches Vorgehen aller Völker das Papstthum vom römischen Bischof und der Stadt Rom hinweg auf einen andern Bischof und eine andere Stadt zu übertragen.

Apost. Sendschreiben *Ad apostolicae* vom 22. August 1851.

36. Die Entscheidung eines Nationalconcils läßt keine weitere Erörterung zu, und die Staatsverwaltung kann dieselbe als letzte Norm ihres Verfahrens einhalten.

Apost. Sendschreiben *Ad apostolicae* vom 22. August 1851.

37. Es können Nationalkirchen errichtet werden, welche der Autorität des Römischen Papstes entzogen und von ihr gänzlich getrennt sind.

Alloc. *Multis gravibusque* vom 17. Dezember 1860.

Alloc. *Jamdudum cernimus* vom 18. März 1861.

38. Zur Trennung der Kirche in eine

lem atque occidentalem nimia Romanorum Pontificum arbitria contulerunt.

Litt. Apost. *Ad apostolicae* 22 Augusti 1851.

§ VI. *Errores de societate civili tum in se, tum in suis ad Ecclesiam relationibus spectata.*

39. Reipublicae status, utpote omnium jurium origo et fons, jure quodam pollet nullis circumscripto limitibus.

Alloc. *Maxima quidem* 9 Junii 1862.

40. Catholicae Ecclesiae doctrina humanae societatis bono et commodis adversatur.

Epist. encycl. *Qui pluribus* 9 Novembris 1846.
Alloc. *Quibus quantisque* 20 Aprilis 1849.

41. Civili potestati vel ab infideli imperante exercitae competit potestas indirecta negativa in sacra; eidem proinde competit nedum jus quod vocant *exequatur*, sed etiam *jus appellationis*, quam nuncupant, *ab abusu*.

Litt. Apost. *Ad apostolicae* 22 Augusti 1851.

42. In conflictu legum utriusque potestatis, jus civile praevalet.

Litt. Apost. *Ad apostolicae* 22 Augusti 1851.

43. Laica potestas auctoritatem habet rescindendi, declarandi ac faciendi irritas solemnes conventiones (vulgo *Concordata*) super usu jurium ad Ecclesiasticam immunitatem pertinentium cum Sede Apostolica initas, sine hujus consensu, immo et ea reclamante.

Alloc. *In consistoriali* 1 Novembris 1850.
Alloc. *Multis gravibusque* 17 Decembris 1860.

morgen- und abendländische haben die zu willkürlichen Bestimmungen der Römischen Päpste beigetragen.

Apost. Sendschreiben *Ad apostolicae* vom 22. August 1851.

§ VI. **Irrthümer über die bürgerliche Gesellschaft sowohl an sich, als in ihren Beziehungen zur Kirche betrachtet.**

39. Der Staat, als der Ursprung und die Quelle aller Rechte, besitzt ein gewisses unbegrenztes Recht.

Alloc. *Maxima quidem* vom 9. Juni 1862.

40. Die Lehre der katholischen Kirche widerstreitet dem Wohle und den Interessen der menschlichen Gesellschaft.

Encycl. *Qui pluribus* vom 9. November 1846.
Alloc. *Quibus quantisque* vom 20. April 1849.

41. Der Staatsgewalt, auch wenn sie sich in den Händen eines ungläubigen Herrschers befindet, gebührt eine indirecte, negative Gewalt in geistlichen Dingen; daher gebührt ihr nicht allein das sogenannte Erequaturrecht, sondern auch das Recht der sog. appellatio ab abusu (Appellation vom Mißbrauch).

Apost. Sendschreiben *Ad apostolicae* vom 22. August 1851.

42. Bei einem Conflict der Gesetze beider Gewalten hat das weltliche Recht den Vorzug.

Apost. Sendschreiben *Ad apostolicae* vom 22. August 1851.

43. Die weltliche Gewalt hat die Befugniß, die feierlichen Conventionen (vulgo Concordate), welche rücksichtlich der Ausübung der auf die kirchliche Immunität bezüglichen Rechte mit dem Apostolischen Stuhle abgeschlossen sind, ohne dessen Einwilligung, ja auch gegen seine Einsprache aufzuheben, für null und nichtig zu erklären und unwirksam zu machen.

Alloc. *In consistoriali* vom 1. November 1850.
Alloc. *Multis gravibusque* vom 17. Dezember 1860.

44. Civilis auctoritas potest se immiscere rebus quae ad religionem, mores et regimen spirituale pertinent. Hinc potest de instructionibus judicare, quas Ecclesiae pastores ad conscientiarum normam pro suo munere edunt, quin etiam potest de divinorum sacramentorum administratione et dispositionibus ad ea suscipienda necessariis decernere.
Alloc. *In consistoriali* 1 Novembris 1850.
Alloc. *Maxima quidem* 9 Junii 1862.

45. Totum scholarum publicarum regimen, in quibus juventus christianae alicujus Reipublicae instituitur, episcopalibus dumtaxat seminariis aliqua ratione exceptis, potest ac debet attribui auctoritati civili, et ita quidem attribui, ut nullum alii cuicumque auctoritati recognoscatur jus immiscendi se in disciplina scholarum, in regimine studiorum, in graduum collatione, in delectu ac approbatione magistrorum.
Alloc. *In consistoriali* 1 Novembris 1850.
Alloc. *Quibus luctuosissimis* 5 Septembris 1851.

46 Immo in ipsis clericorum seminariis methodus studiorum adhibenda civili auctoritati subjicitur.
Alloc. *Nunquam fore* 15 Decembris 1856.

47. Postulat optima civilis societatis ratio, ut populares scholae, quae patent omnibus cujusque e populo classis pueris, ac publica universim Instituta, quae litteris severioribusque disciplinis tradendis et educationi juventutis curandae sunt destinata, eximantur ab omni Ecclesiae auctoritate, moderatrice vi et ingerentia, plenoque civilis ac politicae auctoritatis arbitrio subjiciantur, ad imperantium placita et ad

44. Die Staatsbehörde kann sich in Sachen einmischen, welche sich auf die Religion, die Sitten und die geistliche Leitung beziehen. Daher kann sie über die Unterweisungen urtheilen, welche die Hirten der Kirche als Richtschnur der Gewissen ihrem Amte gemäß ertheilen, ja sie kann sogar über die Verwaltung der hl. Sacramente und die zu ihrem Empfange nöthigen Dispositionen entscheiden.
Alloc. *In consistoriali* vom 1. November 1850.
Alloc. *Maxima quidem* vom 9. Juni 1862.

45. Die Gesammtleitung der öffentlichen Schulen, in denen die Jugend eines christlichen Staates herangebildet wird, kann und muß einzig, die bischöflichen Seminarien in gewisser Beziehung ausgenommen, der Staatsbehörde zugetheilt werden, und zwar in solchem Grade, daß kein Recht einer andern Behörde, welche immer sie sei, zuerkannt werde, sich einzumischen in die Schulzucht, in die Leitung der Studien, in die Verleihung der Grade, in die Auswahl und Genehmigung der Lehrer.
Alloc. *In consistoriali* vom 1. November 1850.
Alloc. *Quibus luctuosissimis* vom 5. September 1851.

46. Ja in den Clericalseminarien selber ist der anzuwendende Studienplan der Staatsbehörde unterworfen.
Alloc. *Nunquam fore* vom 15. Dezember 1856.

47. Es verlangt die beste Einrichtung der bürgerlichen Gesellschaft, daß die Volksschulen, welche allen Kindern jeder Volksklasse offen stehen, und die öffentlichen Anstalten insgesammt, welche für die höhere wissenschaftliche Ausbildung und die Erziehung der Jugend bestimmt sind, von aller Autorität, Leitung und Einmischung der Kirche befreit und der vollen Verfügung der bürgerlichen und politischen Autorität unterstellt werden, nach dem Gutdünken der Staatslenker

communium aetatis opinionum amussim

Epist. ad Archiep. Friburg. Quum non sine 14 Julii 1864.

48. Catholicis viris probari potest ea juventutis instituendae ratio, quae sit a catholica fide et ab Ecclesiae potestate sejuncta, quaeque rerum dumtaxat naturalium scientiam ac terrenae sociális vitae fines tantummodo vel saltem primario spectet.

Epist. ad Archiep. Friburg. Quum non sine 14 Julii 1864.

49. Civilis auctoritas potest impedire quominus sacrorum Antistites et fideles populi cum Romano Pontifice libere ac mutuo communicent.

Alloc. Maxima quidem 9 Junii 1862.

50. Laica auctoritas habet per se jus praesentandi episcopos, et potest ab illis exigere ut ineant dioecesium procurationem, antequam ipsi canonicam a S. Sede institutionem et apostolicas litteras accipiant.

Alloc. Nunquam fore 15 Decembris 1856.

51. Immo laicum Gubernium habet jus deponendi ab exercitio pastoralis ministerii episcopos, neque tenetur obedire Romano Pontifici in iis quae episcopatuum et episcoporum respiciunt institutionem.

Litt. Apost. Multiplices inter 19 Junii 1851.

Alloc. Acerbissimum 27 Septembris 1852.

52. Gubernium potest suo jure immutare aetatem ab Ecclesia praescriptam pro religiosa tam mulierum quam virorum professione, omnibusque religiosis familiis indicere, ut neminem sine suo permissu ad solemnia vota nuncupanda admittant.

Alloc. Nunquam fore 15 Decembris 1856.

und nach Maßgabe der allgemeinen Zeitrichtung.

Schreiben an den Erzbischof von Freiburg Quum non sine vom 14. Juli 1864.

48. Katholiken können jener Art von Jugendbildung beistimmen, welche dem katholischen Glauben und der Gewalt der Kirche entfremdet ist und welche einzig das Wissen der natürlichen Dinge und nur, oder wenigstens in erster Linie, die Zwecke des irdischen Social-Lebens in's Auge faßt.

Schreiben an den Erzbischof von Freiburg Quum non sine vom 14. Juli 1864.

49. Die Staatsbehörde darf verhindern, daß die Bischöfe und die gläubigen Völker frei und gegenseitig mit dem Römischen Papste verkehren.

Alloc. Maxima quidem vom 9. Juni 1862.

50. Die weltliche Obrigkeit hat durch sich selbst das Recht, Bischöfe zu präsentiren und kann von ihnen verlangen, daß sie die Verwaltung ihrer Diöcese antreten, bevor sie die canonische Einsetzung und das apostolische Schreiben empfangen haben.

Alloc. Nunquam fore vom 15. Dezember 1856.

51. Ja die weltliche Regierung hat das Recht, die Bischöfe ihres Hirtenamtes zu entsetzen, und ist nicht gehalten, dem Römischen Papste in den Stücken zu gehorsamen, welche die Gründung von Bisthümern und Einsetzung der Bischöfe betreffen.

Apost. Sendschreiben Multiplices inter vom 10. Juni 1851.

All. Acerbissimum vom 27. September 1852.

52. Die Regierung kann kraft ihres Rechtes das von der Kirche für die Ablegung der Ordensgelübde für Frauen sowohl als Männer vorgeschriebene Alter abändern und allen religiösen Genossenschaften untersagen, Jemanden ohne ihre Erlaubniß zu den feierlichen Gelübden zuzulassen.

All. Nunquam fore vom 15. Dezember 1856.

53. Abrogandae sunt leges quae ad religiosarum familiarum statum tutandum, earumque jura et officia pertinent; immo potest civile gubernium iis omnibus auxilium praestare, qui a suscepto religiosae vitae instituto deficere ac solemnia vota frangere velint; pariterque potest, religiosas easdem familias perinde ac collegiatas ecclesias et beneficia simplicia etiam juris patronatus penitus extinguere, illorumque bona et reditus civilis potestatis administrationi et arbitrio subjicere et vindicare.
Alloc. *Acerbissimum* 27 Septembris 1852.
Alloc. *Probe memineritis* 22 Januarii 1855.
Alloc. *Cum saepe* 26 Julii 1855.

54. Reges et Principes non solum ab Ecclesiae jurisdictione eximuntur, verum etiam in quaestionibus jurisdictionis dirimendis superiores sunt Ecclesia.
Litt. Apost. *Multiplices inter* 10 Junii 1851.

55. Ecclesia a Statu, Status ab Ecclesia sejungendus est.
Alloc. *Acerbissimum* 27 Septembris 1852.

§ VII. Errores de Ethica naturali et christiana.

56. Morum leges divina haud egent sanctione, minimeque opus est ut humanae leges ad naturae jus conformentur aut obligandi vim a Deo accipiant.
Alloc. *Maxima quidem* 9 Junii 1862.

57. Philosophicarum rerum morumque scientia, itemque civiles leges possunt et debent a divina et ecclesiastica auctoritate declinare.
Alloc. *Maxima quidem* 9 Junii 1862.

53. Man muß die Gesetze abschaffen, welche sich auf den Schutz des Standes der religiösen Genossenschaften, seine Rechte und Pflichten beziehen; ja es kann eine Staatsregierung allen Denen Vorschub leisten, welche von dem erwählten Ordensstande abfallen und ihre feierlichen Gelübde brechen wollen; und gleichermaßen kann sie eben dieselben religiösen Genossenschaften gerade so wie die Collegiatkirchen und die einfachen Pfründen, auch wenn sie dem Patronatsrechte unterstehen, gänzlich aufheben und ihre Güter und Einkünfte der Verwaltung und Verfügung der Staatsgewalt unterstellen und von Rechtswegen zutheilen.
All. *Acerbissimum* vom 27. September 1852.
All. *Probe memineritis* vom 22. Januar 1855.
All. *Cum saepe* vom 26. Juli 1855.

54. Die Könige und die Fürsten sind nicht allein von der Jurisdiction der Kirche exempt, sondern stehen auch bei Entscheidung von Jurisdictionsfragen über der Kirche.
Apost. Sendschreiben *Multiplices inter* vom 10. Juli 1851.

55. Die Kirche ist vom Staate, der Staat von der Kirche zu trennen.
All. *Acerbissimum* vom 27. September 1852.

§ VII. Irrthümer über die natürliche und christliche Sittenlehre.

56. Die Sittengesetze bedürfen der göttlichen Sanction nicht, und es ist keineswegs vonnöthen, daß die menschlichen Gesetze mit dem Naturrecht in Uebereinstimmung gesetzt werden oder ihre verpflichtende Kraft von Gott erhalten.
All. *Maxima quidem* vom 9. Juni 1862.

57. Die philosophische und die Moralwissenschaft, wie auch die Staatsgesetze, können und sollen der göttlichen und kirchlichen Autorität sich entziehen.
All. *Maxima quidem* vom 9. Juni 1862.

58. Aliae vires non sunt agnoscendae nisi illae quae in materia positae sunt, et omnis morum disciplina honestasque collocari debet in cumulandis et augendis quovis modo divitiis ac in voluptatibus explendis.
Alloc. *Maxima quidem* 9 Junii 1862.
Epist. encycl. *Quanto conficiamur* 10 Augusti 1863.

59. Jus in materiali facto consistit, et omnia hominum officia sunt nomen inane, et omnia humana facta juris vim habent.
Alloc. *Maxima quidem* 9 Junii 1862.

60. Auctoritas nihil aliud est nisi numeri et materialium virium summa.
Alloc. *Maxima quidem* 9 Junii 1862.

61. Fortunata facti injustitia nullum juris sanctitati detrimentum affert.
Alloc. *Jamdudum cernimus* 18 Martii 1861.

62. Proclamandum est et observandum principium quod vocant de *non-interventu*.
Alloc. *Novos et ante* 28 Septembris 1860.

63. Legitimis principibus obedientiam detrectare, immo et rebellare licet.
Epist. encycl. *Qui pluribus* 9 Novembris 1846.
Alloc. *Quisque vestrum* 4 Octobris 1847.
Epist. encycl. *Noscitis et Nobiscum* 8 Decembris 1849.
Litt. Apost. *Cum catholica* 26 Martii 1860.

64. Tum cujusque sanctissimi juramenti violatio, tum quaelibet scelesta flagitiosaque actio sempiternae legi repugnans, non solum haud est improbanda, verum etiam omnino licita, summisque laudibus efferenda,

58. Andere Kräfte als jene, welche im Stoffe vorhanden sind, sind nicht anzuerkennen, und alle sittliche Bildung und Güte muß in die Anhäufung und Vermehrung der Reichthümer, wie immer sie geschehen möge, und in die Befriedigung der Lüste gesetzt werden.
All. *Maxima quidem* vom 9. Juni 1862.
Encycl. *Quanto conficiamur* vom 10. August 1863.

59. Das Recht besteht in der materiellen Thatsache, und alle menschlichen Pflichten sind ein leeres Wort, und alle menschlichen Thatsachen besitzen Rechtskraft.
All. *Maxima quidem* vom 9. Juni 1862.

60. Die obrigkeitliche Gewalt ist nichts Anderes als die Summe von Zahl und materiellen Kräften.
All. *Maxima quidem* vom 9. Juni 1862.

61. Eine mit Erfolg gekrönte thatsächliche Ungerechtigkeit thut der Heiligkeit des Rechtes keinen Eintrag.
All. *Jamdudum cernimus* vom 18. März 1861.

62. Man muß das sog. Nichtinterventionsprincip verkünden und beobachten.
All. *Novos et ante* vom 28. September 1860.

63. Den rechtmäßigen Fürsten den Gehorsam zu verweigern, ja auch aufrührerisch sich gegen sie zu erheben, ist erlaubt.
Encycl. *Qui pluribus* vom 9. November 1846.
All. *Quisque vestrum* vom 4. Oktober 1847.
Encycl. *Noscitis et Nobiscum* vom 8. Dezember 1849.
Apost. Sendschreiben *Cum catholica* vom 26. März 1860.

64. Sowohl der Bruch jedes, auch des heiligsten Eides, als auch jegliche ruchlose und verbrecherische, dem ewigen Gesetze widerstreitende That ist nicht nur nicht zu mißbilligen, sondern auch vollkommen erlaubt und höchst lobwürdig,

quando id pro patriae amore agatur.

Alloc. *Quibus quantisque* 20 Aprilis 1849.

§ VIII. *Errores de matrimonio christiano.*

65. Nulla ratione ferri potest, Christum erexisse matrimonium ad dignitatem sacramenti.

Litt. Apost. *Ad apostolicae* 22 Augusti 1851.

66. Matrimonii sacramentum non est nisi quid contractui accessorium ab eoque separabile, ipsumque sacramentum in una tantum nuptiali benedictione situm est.

Litt. Apost. *Ad apostolicae* 22 Augusti 1851.

67. Jure naturae matrimonii vinculum non est indissolubile, et in variis casibus divortium proprie dictum auctoritate civili sanciri potest.

Litt. Apost. *Ad apostolicae* 22 Augusti 1851.

Alloc. *Acerbissimum* 27 Septembris 1852.

68. Ecclesia non habet potestatem impedimenta matrimonium dirimentia inducendi, sed ea potestas civili auctoritati competit, a qua impedimenta existentia tollenda sunt.

Litt. Apost. *Multiplices inter* 10 Junii 1851.

69. Ecclesia sequioribus saeculis dirimentia impedimenta inducere coepit, non jure proprio, sed illo jure usa, quod a civili potestate mutuata erat.

Litt. Apost. *Ad apostolicae* 22 Augusti 1851.

70. Tridentini canones qui anathematis censuram illis inferunt, qui facultatem impedimenta dirimentia inducendi Ecclesiae negare audeant,

---

wenn sie aus Liebe zum Vaterlande verübt wird.

All. *Quibus quantisque* vom 20. April 1849.

§ VIII. Irrthümer über die christliche Ehe.

65. Es kann in keiner Weise zugegeben werden, daß Christus die Ehe zur Würde eines Sacramentes erhoben habe.

Apost. Sendschreiben *Ad apostolicae* vom 22. August 1851.

66. Das Sacrament der Ehe ist nur etwas zum Vertrage Hinzukommendes und von ihm Trennbares, und das Sacrament selber besteht einzig und allein in der Einsegnung der Ehe.

Apost. Sendschreiben *Ad apostolicae* vom 22. August 1851.

67. Nach dem Naturrecht ist das Band der Ehe nicht unauflöslich, und in verschiedenen Fällen kann eine Ehescheidung im eigentlichen Sinne des Wortes durch die Staatsbehörde gesetzlich bestimmt werden.

Apost. Sendschreiben *Ad apostolicae* vom 22. August 1851.

All. *Acerbissimum* vom 27. September 1852.

68. Die Kirche hat keine Gewalt, trennende Ehehindernisse aufzustellen, sondern diese Gewalt steht der Staatsbehörde zu, von welcher die bestehenden Hindernisse aufzuheben sind.

Apost. Sendschreiben *Multiplices inter* vom 10. Juni 1851.

69. Die Kirche hat in späteren Jahrhunderten erst begonnen, trennende Ehehindernisse aufzustellen, nicht kraft eigenen Rechtes, sondern indem sie von jenem Rechte Gebrauch machte, welches sie von der Staatsgewalt entlehnt hatte.

Apost. Sendschreiben *Ad apostolicae* vom 22. August 1851.

70. Die tridentinischen Canones, welche die Strafe des Anathems über Jene verhängen, die es wagen, der Kirche die Vollmacht zur Aufstellung von trennen-

vel non sunt dogmatici vel de hac mutuata potestate intelligendi sunt.
Litt. Apost. *Ad apostolicae* 22 Augusti 1851.

71. Tridentini forma sub infirmitatis poena non obligat, ubi lex civilis aliam formam praestituat, et velit hac nova forma interveniente matrimonium valere.
Litt. Apost. *Ad apostolicae* 22 Augusti 1851.

72. Bonifacius VIII. votum castitatis in ordinatione emissum nuptias nullas reddere primus asseruit.
Litt. Apost. *Ad apostolicae* 22 Augusti 1851.

73. Vi contractus mere civilis potest inter christianos constare veri nominis matrimonium; falsumque est, aut contractum matrimonii inter christianos semper esse sacramentum, aut nullum esse contractum, si sacramentum excludatur.
Litt. Apost. *Ad apostolicae* 22 Augusti 1851.
Epist. SS. Pii IX. ad Regem Sardiniae 9 Septembris 1852.
Alloc. *Acerbissimum* 27 Septembris 1852.
Alloc. *Multis gravibusque* 17 Decembris 1860.

74. Causae matrimoniales et sponsalia suapte natura ad forum civile pertinent.
Litt. Apost. *Ad apostolicae* 22 Augusti 1851.
Alloc. *Acerbissimum* 27 Septembris 1852.
NB. Huc facere possunt duo alii errores de clericorum coelibatu abolendo et de statu matrimonii statui virginitatis anteferendo. Confodiuntur, prior in Epist. encycl. *Qui pluribus* 9 Novembris 1846, posterior in

den Ehehindernissen zu bestreiten, sind entweder nicht dogmatisch, oder von die ser entlehnten Gewalt zu verstehen.
Apost. Sendschreiben *Ad apostolicae* vom 22. August 1851.

71. Die tridentinische Form verpflichtet nicht unter der Strafe der Ungültigkeit, wo das Staatsgesetz eine andere Form festsetzt und will, daß die Ehe, die nach dieser neuen Form abgeschlossen wird, gültig sei.
Apost. Sendschreiben *Ad apostolicae* vom 22. August 1851.

72. Bonifacius VIII. hat zuerst die Behauptung aufgestellt, daß das bei der Ordination abgelegte Gelübde der Keuschheit die Ehe ungültig mache.
Apost. Sendschreiben *Ad apostolicae* vom 22. August 1851.

73. In Kraft eines rein bürgerlichen Vertrags vermag zwischen Christen eine Ehe im wahren Sinne des Wortes zu bestehen, und es ist falsch, daß entweder der Ehevertrag unter Christen immer ein Sacrament sei, oder aber gar kein Vertrag, wenn das Sacrament ausgeschlossen wird.
Apost. Sendschreiben *Ad apostolicae* vom 22. August 1851.
Schreiben Sr. Heiligkeit Pius' IX. an den König von Sardinien vom 9. September 1852.
All. *Acerbissimum* vom 27. September 1852.
All. *Multis gravibusque* vom 17. Dezember 1860.

74. Die Ehesachen und Verlöbnisse gehören ihrer Natur nach vor das weltliche Gericht.
Apost. Sendschreiben *Ad apostolicae* vom 22. August 1851.
All. *Acerbissimum* vom 27. September 1852.
Anm. Hieher lassen sich rechnen zwei andere Irrthümer über die Abschaffung des Cölibates der Geistlichen und den Vorzug des Ehestandes vor dem jungfräulichen Stande. Sie werden verurtheilt, ersterer in der Encyclica *Qui pluribus* vom 9. No-

Litt. Apost. *Multiplices inter* 10 Junii 1851.

§ IX. Errores de civili Romani Pontificis principatu.

75. De temporalis regni cum spirituali compatibilitate disputant inter se christianae et catholicae Ecclesiae filii.

Litt. Apost. *Ad apostolicae* 22 Augusti 1851.

76. Abrogatio civilis imperii, quo Apostolica Sedes potitur, ad Ecclesiae libertatem felicitatemque vel maxime conduceret.

Alloc. *Quibus quantisque* 20 Aprilis 1849.

NB. Praeter hos errores explicite notatos, alii complures implicite reprobantur, proposita et asserta doctrina, quam catholici omnes firmissime retinere debent, de civili Romani Pontificis principatu. Ejusmodi doctrina luculenter traditur in Alloc. *Quibus quantisque* 20 Aprilis 1849; in Alloc. *Si semper antea* 20 Maii 1850; in Litt. Apost. *Cum catholica Ecclesia* 26 Martii 1860; in Alloc. *Novos* 28 Septembris 1860; in Alloc. *Jamdudum* 18 Martii 1861; in Alloc. *Maxima quidem* 9 Junii 1862.

§ X. Errores qui ad liberalismum hodiernum referuntur.

77. Aetate hac nostra non amplius expedit, religionem catholicam haberi tamquam unicam Status religionem, ceteris quibuscumque cultibus exclusis.

Alloc. *Nemo vestrum* 26 Julii 1855.

78. Hinc laudabiliter in quibusdam catholici nominis regionibus lege cautum est, ut hominibus illuc immigrantibus liceat publicum proprii cujusque cultus exercitium habere.

Alloc. *Acerbissimum* 27 Septembris 1852.

vember 1846, letzterer in dem Apostol. Sendschreiben *Multiplices inter* vom 10. Juni 1851.

§ IX. Irrthümer über die weltliche Herrschaft des Römischen Papstes.

75. Ueber die Vereinbarkeit der weltlichen mit der geistlichen Herrschaft sind die Söhne der christkatholischen Kirche verschiedener Meinung.

Apost. Sendschreiben *Ad apostolicae* vom 22. August 1851.

76. Die Abschaffung der weltlichen Herrschaft, welche der Apostolische Stuhl besitzt, würde zur Freiheit und Wohlfahrt der Kirche im höchsten Maße beitragen.

All. *Quibus quantisque* vom 20. April 1849.

Anm. Außer diesen ausdrücklich bezeichneten Irrthümern werden mehrere andere einschließlich verworfen durch die Vorstellung und Darlegung der Lehre von der weltlichen Herrschaft des Römischen Papstes, an welcher alle Katholiken durchaus festhalten sollen. Diese Lehre wird klar vorgetragen in der All. *Quibus quantisque* vom 20. April 1849; in der All. *Si semper antea* vom 20. Mai 1850; in dem Apost. Sendschreiben *Cum catholica Ecclesia* vom 26. März 1860; in der All. *Novos* vom 28. September 1860; in der All. *Jamdudum* vom 18. März 1861; in der All. *Maxima quidem* vom 9. Juni 1862.

§ X. Irrthümer, welche zu dem heutigen Liberalismus in Beziehung stehen.

77. In unserer Zeit ist es nicht mehr zuträglich, daß die katholische Religion mit Ausschluß aller übrigen Culte als einzige Staatsreligion gelte.

All. *Nemo vestrum* vom 26. Juli 1855.

78. Daher ist es eine löbliche Anordnung, daß in gewissen katholischen Gegenden gesetzlich feststeht, daß es jedem Einwanderer. daselbst erlaubt sei, seinen eigenen Cult, welcher immer es sei, öffentlich auszuüben.

All. *Aberbissimum* vom 27. September 1852.

79. Enimvero falsum est, civilem cujusque cultus libertatem, itemque plenam potestatem omnibus attributam quaslibet opiniones cogitationesque palam publiceque manifestandi conducere ad populorum mores animosque facilius corrumpendos ac indifferentismi pestem propagandam.
Alloc. *Nunquam fore* 15 Decembris 1856.

80. Romanus Pontifex potest ac debet cum progressu, cum liberalismo et cum recenti civilitate sese reconciliare et componere.
Alloc. *Jamdudum cernimus* 18 Martii 1861.

79. Denn es ist falsch, daß die staatlich bewilligte Freiheit eines Jeden, sowie auch die Allen verliehene volle Befugniß, jede beliebige Meinung und Ansicht öffentlich kundzugeben, dazu führe, die Sitten und Gesinnungen der Völker leichter zu verderben und die Pest des Indifferentismus zu verbreiten.
All. *Nunquam fore* vom 15. November 1856.

80. Der Römische Papst kann und soll sich mit dem Fortschritt, mit dem Liberalismus und mit der modernen Bildung aussöhnen und verständigen.
All. *Jamdudum cernimus* vom 18. März 1861.

Das Rundschreiben Papst Pius' IX., am zehnten Jahrestage der dogmatischen Feststellung der Unbefleckten Empfängniß der jungfräulichen Gottesgebärerin erlassen, darf unstreitig zu den wichtigsten kirchlichen Ereignissen des Jahrhunderts gezählt werden. Das Aufsehen, welches dasselbe auch außerhalb der Kirche erregte, rührte von dem richtigen Gefühle her, daß es sich hier nicht um ein gewöhnliches politisches Actenstück, sondern um ein specifisch geistliches Manifest des Papstthums handle, über dessen eigentliche Natur man freilich im Unklaren hin und her rieth. Nach dem Gedankenkreise, in dem die Tagesblätter sich bewegen, war es nahe gelegt, nach politischen Beweggründen für den päpstlichen Act zu suchen, oder die Tragweite desselben nach ähnlichen Wirkungen zu bemessen. Das Verbot der Publication, welches einige Regierungen erließen, hielt selbst manche Katholiken auf diesem Abwege für das richtige Verständniß der Encyclica fest. Damit verband sich das Interesse Solcher, welche, sei es in ihren Grundsätzen, sei es in ihren Bestrebungen, von dem Inhalte des Sendschreibens sich getroffen fühlten: über die eigentliche Bedeutung der Encyclica Klarheit nicht aufkommen zu lassen. Auf diesem Standpunkte konnte man behaupten, das Rundschreiben gehe das Gewissen der Katholiken nichs an, weil es mit Dogma und Moral Nichts zu schaffen habe [1]; oder die Befürchtung aussprechen,

---

[1] J. B. Journal des Débats in den Nummern vom 31. Dezember 1864 f. A. A. J. öfters.

es werde, weil nicht zeitgemäß, der heiligen Sache, welcher es nützen wolle, eher schaden [1].

Wir werden im Nachstehenden einen Weg einschlagen, welcher diese Ausflüchte sicher abschneidet, und glauben darin die beste Rechtfertigung für die folgende Arbeit zu haben. Das Rundschreiben Papst Pius' IX. ist, welches immer seine socialen Wirkungen in der Gegenwart oder Zukunft sein mögen, unabhängig hievon ein Ausspruch der lehrenden Kirche und hat insoferne für den Katholiken eine Geltung, die weit über die dem Flusse der Vergänglichkeit überantworteten Zeitereignisse hinausreicht. Wenn einst von dem, was sich heute in seiner Macht und Gelehrsamkeit gegen die Encyclica spreizt, kaum noch Namen übrig sein werden, wird das Rundschreiben Papst Pius' IX. in den katholischen Schulen noch erläutert werden, wird sein Inhalt dem katholischen Leben und Wissen noch als Leuchte dienen. Um dieser Höhe und Erhabenheit willen legt es heute schon den Mitgliedern der Kirche Verpflichtungen auf, für welche durch untergeordnete Gesichtspunkte, politische Seitenblicke, Rücksichten auf bestehende Meinungen und Aehnliches, leicht der klare Blick getrübt, die Absicht der Kirche vereitelt werden kann.

Wer wollte nicht mitwirken, dieß zu verhindern? Allein die Erfassung des Rundschreibens, daß es Lehrausspruch der Kirche sei, ist auch das beste Mittel, manche geradezu albernen Einfälle über dasselbe zu widerlegen.

Man ist sodann mit einer gewissen Absichtlichkeit bemüht gewesen, die eigentliche Spitze des Actenstückes zu umhüllen oder einfach abzubrechen; wir Katholiken haben allen Grund, das mindestens als eine Versuchung, welche uns unsere Verpflichtungen vergessen machen könnte, von uns abzuweisen. Lassen wir uns nicht um diese herumführen, die Sache wie die Zeiten sind zu ernst; gehen wir geradeaus auf die Mitte zu, in das Actenstück hinein, und um uns hiezu zu ermuthigen, ist im Nachstehenden der Versuch gemacht, unsere Verpflichtung dem Rundschreiben gegenüber gemeinverständlich, an der Hand der Grundsätze unseres Glaubens, darzulegen.

Wir sind in der Lage des Wanderers, welcher in einer ihm fremd gewordenen Gegend einen Mahnruf vernimmt. Zuerst achtet er auf das, was der Rufende will; dann prüft er, von wem der Ruf ausgeht; sodann überlegt er, ob er ihm Folge geben will. Weiter gehen wir für dieses Mal nicht.

---

[1] Ein Katholik in der A. A. Z. 1865. Nr. 36 unter „Paris".

Wir schicken aber einige allbekannte Wahrheiten über die Gegend oder die Lage, worin sich heutzutage die Christen befinden, voraus.

1. Die Lage.

1. Durch die Umwälzungen, welche vom Ende des vorigen Jahrhunderts an in Europa die politischen Verhältnisse veränderten und im Verlaufe mehrerer Staaten ihre Colonien in der neuen Welt entrissen, ist für die katholische Kirche in ihrer äußern Gestalt und in ihren Grenzen, ähnlich wie im 16. Jahrhundert, nach der Entdeckung der neuen Welt und der Glaubensspaltung im Herzen von Europa, eine mehrfache Aenderung eingetreten. Im 16. Jahrhundert wurde bekanntlich ungefähr die Hälfte des deutschen Reiches mit England und dem skandinavischen Norden von der katholischen Kirche abgerissen und von den ihr gebliebenen europäischen Staaten die mächtigsten mehrjährigen Bürgerkriegen und inneren Krisen überantwortet. Dagegen sah sich die Kirche durch den Erschluß von Ostasien und die Christianisirung der spanisch-portugiesischen Besitzungen in der neuen Welt für die Verluste in der alten einigermaßen entschädigt. In den ihr treugebliebenen Gebieten gewann das kirchliche Leben eine wahre Verjüngung, wofür das Concil von Trient, neuentstandene Orden, der Aufschwung in den Missionen und die Blüthe der kirchlichen Wissenschaft Zeugniß ablegen. In den getrennten Reichen war zwar die Kirche im Stande der Auflösung, zum Theil völlig verbannt, aber es hatten sich doch noch Trümmer des christlichen Staates und Glaubens erhalten. Dieß sollte anders werden, als mit dem vorigen Jahrhundert die auf englischem Boden gereiften Freidenker auch auf dem Festlande, sowohl im deutschen Norden als in Frankreich, Einfluß und Macht erlangten. Während sie hier bestehende sociale Schäden und Mißbräuche geschickt zur Vorbereitung einer Umwälzung benützten, welche sich nahezu über den ganzen Continent verbreitete, haben sie, dem Charakter der Deutschen angemessen und bei ihnen durch die Zerrgestalt des annoch bestehenden protestantischen Christenthums unterstützt, mehr auf dem Gebiete des Unterrichts und der Literatur, indem sie sich namentlich der Hochschulen zu bemächtigen wußten, den Bruch mit dem positiv christlichen Glauben bewerkstelligt.

2. Aus diesen beiden, im Ursprunge wie in ihrem innern Wesen verwandten Revolutionen hauptsächlich ist, unter Beihülfe des Industrialismus und neuer volkswirthschaftlichen Lehren, das hervorgegangen, was

man den Geist der Neuzeit, die moderne Gesellschaft, die modernen Ideen und Errungenschaften nennt: ein Inbegriff von Ansichten und öffentlichen Einrichtungen, welche zu der vormals allein bestehenden christlichen Gesellschaft, sowohl in den protestantischen als katholischen Staaten, in mehr oder minder erklärtem Gegensatz steht. Von diesem modernen Geiste hat die katholische Kirche, sowohl in ihren äußern Verhältnissen und in ihrer öffentlichen Stellung, als auch in ihren Mitgliedern die mannigfachste Einwirkung erfahren. In ihren äußern Verhältnissen zunächst sehen wir mehrere vormals katholische Staaten, wie schon am Anfange der Revolutionsperiode Polen, so in ihrem Verlaufe durch die Revolutionskriege insbesondere die geistlichen Staaten des deutschen Reiches, ihre Selbstständigkeit verlieren und als katholische Staaten gänzlich verschwinden. Dazu hörte das römische Reich auf, das in seinem Wesen eine Schutzanstalt für die katholische Religion, nach dem Westphälischen Frieden wenigstens für die christliche, war; und von den gebliebenen katholischen Staaten wurde Bayern mit dem Beginne des Jahrhunderts paritätisch; Frankreich verblieb im Wesentlichen auf dem Standpunkt, den es mit der öffentlichen Wiederherstellung der katholischen Religion neben der Freiheit der Culte eingenommen hatte. Die Staaten der italienischen wie der pyrenäischen Halbinsel kehrten zwar zur frühern Ordnung zurück, blieben aber mit den Ideen der Revolution so vertraut, daß sie bis zur Zeit ihren Wechselfällen ausgesetzt geblieben sind, und Italien namentlich in den letzten Jahren schrittweise dem Zustande religiöser, sittlicher und politischer Auflösung nahe gebracht ist. Dieser äußern Beschädigung der Kirche gingen nun freilich, ähnlich wie im 16. Jahrhundert, nicht zu verschweigende Vortheile zur Seite; die protestantischen Staaten des deutschen Reiches, sowie England und Neubritannien in der neuen Welt, sind der Kirche geöffnet worden; die Missionen haben in Australien ihr Gebiet erweitert und in den alten Missionsländern nach den Schlägen der Revolution neues Leben empfangen; die Bewegung unter den Orientalen zur Kirche hin nahm gerade in diesen trüben Zeiten zu, und insofern näherte sich die Kirche wiederum eben dazumal, als ihr im Innern die empfindlichsten Wunden geschlagen wurden, um einen bedeutenden Schritt der vollständigen Erfüllung ihrer erhabenen Aufgabe, die Kirche der Menschheit zu werden.

3. Ob also hier, in den Grenzen und äußern Verhältnissen, wie sie sich in der modernen Gesellschaft gestaltet haben, Verluste oder Gewinnste

einzutragen seien, bleibe dahingestellt; das Wesentliche an der innern Lage der Kirche bildet ihre vielfach veränderte Stellung zum modernen Staate und der Einfluß, den die modernen Ideen auf ihre Mitglieder zu gewinnen suchen. Wie sich aus den Religionskriegen des 16. und 17. Jahrhunderts die Parität verschiedener christlichen Bekenntnisse mit der katholischen Kirche, vornehmlich im deutschen Reiche, herausgebildet hat, so ging auf ähnliche Weise aus der Revolutionszeit der moderne oder indifferente Staat hervor. Am reinsten hat er seine deistische Grundlage in den Vereinigten Staaten von Nordamerika, am feindseligsten in der französischen Revolution zu Tage gefördert; Belgien hat seine Grundsätze angenommen; annähernd verhalten sich einerseits die katholischen Staaten, welche zur Parität übergegangen sind, andererseits die protestantischen, welche gleichberechtigte katholische Bevölkerungstheile in sich aufgenommen haben. Sie alle befinden sich in ihren öffentlichen Einrichtungen auf einer schiefen Ebene, auf welcher sie, gedrängt durch politische Parteien, die Literatur und den auf den Hochschulen gepflegten Geist, immer mehr von der frühern Grundlage des christlichen Staates verlieren und in demselben Maße sich zu dem deistisch-indifferenten Staate hinbewegen, ja sogar noch über ihn hinausstreben. Diese Bewegung ist mit mehr oder weniger offener Feindseligkeit gegen die Kirche verbunden, wie die Geschichte der organischen Artikel, der Religionsedicte u. s. w. bis in unsere Tage herein hinlängliche Beweise gibt. Für die Kirche liegt aber im Ziele des modernen Staates, in seiner öffentlichen Gleichgültigkeit nämlich gegen die christliche Religion, in der Trennung des öffentlichen Lebens von ihrem maßgebenden Einflusse, der Hauptnachtheil; da ferner diese Tendenz sich überträgt auf die Presse, die Literatur, den öffentlichen Unterricht, und hier im Namen der modernen Errungenschaften vom Staate geschützt wird, so ist es nicht anders möglich, als daß in der also gebildeten Atmosphäre große Gefahren für ihre Mitglieder entstehen; einmal die Gefahr des persönlichen Indifferentismus, sodann die der falschen Vermittlungsversuche und Stellungen, dem herrschenden Streben zur Befreiung von der Religion gegenüber, wie sich denn auch die mannigfachsten Irrthümer in der Literatur, in der wissenschaftlichen Thätigkeit und in der Politik thatsächlich bemerklich gemacht haben.

4. Vormals, im paritätischen Staate, waren die protestantischen Bekenntnisse gewöhnlich in eigenen Gemeinwesen gesondert neben der katholischen Kirche; im modernen Staate sind nicht Protestanten, die noch

Christen sind ihrer Ueberzeugung nach, sondern solche, welche dem Christenthum abhold sind, in Einem und demselben Gemeinwesen vereinigt und gleichberechtigt; noch mehr, sie haben den Reiz des Neuen, den Eifer von Sectirern und zahlreiche Mittel für sich, um für ihre dem Christenthum und seiner Ordnung feindseligen Ideen zu werben. Diese Ideen, um mit Einem Worte Alles zu sagen, enthalten den Anspruch auf eine gewisse unbeschränkte Freiheit in allen Gebieten des menschlichen Lebens; Freiheit in Sachen der Religion, der Wissenschaft, der Meinungsäußerung; Freiheit jeder bestehenden Gewalt gegenüber, sie zu ändern, zu modificiren; Freiheit endlich im gewerblichen Leben. Und in diesem ihrem Namen, wie in dem Umfange und der Unbestimmtheit der Freiheit liegt der Zauber derselben, so daß es schwer ist, ihren Anhängern mit Gründen beizukommen. Die Freiheit ist in der That, recht verstanden, eines der höchsten irdischen Güter des Menschen; das Christenthum rechnet es sich als sein großes Verdienst an, den Menschen die höchste Freiheit gebracht zu haben, Freiheit nämlich von der drückendsten, selbstverschuldeten Knechtschaft der Sünde und des Irrthums. Die Glückseligkeit, zu welcher es uns befähigen will, soll zugleich die höchste Freiheit für uns, als Kinder Gottes, sein. Und diese Freiheit sollte keineswegs auf das oberste Gebiet eingeschränkt bleiben, sondern von Anfang an hat das Christenthum darauf hingearbeitet, durch seinen milden Hauch gleichermaßen die niederen Lebenssphären zu durchdringen, das harte Joch der Sklaverei von den Menschen zu nehmen, die verschiedenen Stände, Obrigkeit und Unterthanen durch Eine Liebe und durch die Gleichheit Aller vor Gott sich näher zu bringen, Jedem seine freie Bewegung zu sichern, die Familie zu weihen, sowie endlich die unheilvolle Scheidewand zwischen den Völkern in der Einen Gemeinschaft der Kirche, der Einen Solidarität ihrer höchsten Interessen, fallen zu machen. Das Christenthum ist also von Anfang an eine Religion mit wahrer, Alles umfassenden, Alles belebenden und organisirenden, ächt menschlichen Freiheit, einer Freiheit, die auf der Gleichheit Aller vor Gott beruht. Wenn also die Freiheit eine Haupterrungenschaft der modernen Gesellschaft ist, so müßte sie mit dem Christenthume, der Kirche, auf dem besten Fuße stehen; und doch tritt es immer offener zu Tage, daß gerade die lautesten Verkündiger der neuen Freiheit zugleich die entschiedensten Feinde des Christenthums sind. Wo sie zur Herrschaft gelangen, wird die Kirche in ihren heiligsten Rechten gekränkt, des Vermögens beraubt, in ihren Dienern, in ihren Orden und ihren Mitgliedern überhaupt verfolgt, des

Einflusses auf ihre Angehörigen, des freien Verkehrs zwischen ihrem Oberhaupte und den Untergebenen verlustig, und das Alles geschieht im Namen der modernen Freiheit. Was die französische Revolution in dieser Hinsicht geübt hat, von der bürgerlichen Verfassung des Klerus an bis zur Abschaffung der christlichen Religion, ist, soweit es die Umstände erlaubten, seitdem Musterbild geblieben, wo immer die Apostel der neuen Ideen zu Macht und Einfluß gelangten, sei es in der neuen Welt, wie z. B. Neu-Granada kürzlich bewies, oder in einem Lande der alten Welt, das ihnen verfallen ist, wie Piemont und das einige Italien zur Genüge zeigen.

5. Woher diese offenkundige Feindseligkeit der Vertheidiger der Freiheit mit der Religion der Freiheit? Die Antwort ist: es werden mit Einem und demselben Worte ganz entgegengesetzte Dinge verstanden. Die Religion zeigt uns eine Freiheit, welche aus der Unterwerfung unter den heiligen Willen Gottes hervorgeht; sie lehrt, daß die Auflehnung gegen diesen heiligen Willen zur Knechtschaft der Sünde führt; sie sagt uns übereinstimmend mit der Vernunft, daß dieser heilige Wille Gottes ausgedrückt sei nicht bloß in den Geboten, die er uns in's Herz geschrieben, und in jenen, die er uns durch seinen Sohn geoffenbart hat, sondern auch in jenen höchsten Ordnungen, welche auf dieser doppelten Offenbarung beruhen, des Staates nämlich und der Kirche. Auch die in diesen Ordnungen durch das Recht geschützte, unter den Menschen hienieden mögliche Freiheit kommt nicht mit der Abkehr von Staat und Kirche, sondern von der Anerkennung derselben, von der freiwilligen Einfügung in sie, von der pflichtmäßigen Erfüllung der einen Jeden in seiner Stellung treffenden Obliegenheiten; und ihre höchste Bürgschaft liegt darin, daß all' das geübt wird aus Gewissenhaftigkeit, in freier Unterwerfung unter den heiligen Willen Gottes. Die Geschichte der modernen Ideen, ihr Ursprung, ihre Entwicklung, die offenen Eingeständnisse ihrer Vertheidiger geben uns die Gewißheit, daß ihnen eine in der Wurzel entgegengesetzte Auffassung von der Freiheit zu Grunde liegt. Sie suchen nämlich diese in der Lostrennung alles Bestehenden von der Religion, in der Emancipation des Menschen, seiner Vernunft, seines Willens, all' seiner Gebilde, aller Ordnungen von der Leitung Gottes und seiner Offenbarung. Und weil hierauf der Fluch der Unstätigkeit, des Wechsels, der Knechtschaft von Innen und von Außen nach ewigem Gesetze gelegt ist, gehört die moderne Gesellschaft der Revolution an und jagt rastlos im Namen der Freiheit nach

einem Gute, das sie verloren hat. Was also dem Christen das eigentliche Wesen der Sünde ausmacht, die Quelle der Knechtschaft ist, die Lostrennung seines Geistes von der übernatürlichen Leitung Gottes: das ist höchste Bethätigung und Quelle der Freiheit im modernen Sinne. Sie ist daher, wie ein Ausleger des päpstlichen Rundschreibens sehr gut auseinandersetzt [1]: als Rationalismus Emancipation der menschlichen Vernunft, oder unbeschränkte Freiheit von der Autorität des Glaubens auf dem Boden der Wissenschaft; als Cäsarismus (oder allgemeiner, Staatsabsolutismus) Emancipation der bürgerlichen Gesellschaft vom Einflusse der geoffenbarten Religion; als Sensualismus Befreiung vom Joche des göttlichen Gesetzes für den Sinnengenuß, in der Entfesselung der Leidenschaft und der Gier nach den zeitlichen Mitteln, sie zu sättigen. In all' diesen verschiedenen Bestrebungen prägt sich ein und derselbe Haß gegen das Christenthum und die Kirche aus, sowie eine mehr und mehr in sprechenden Symptomen hervortretende Hinneigung zum Heidenthume, also zu jenem Zustande der Menschheit, in welchem die Trennung von Gott, die Sünde, und in ihr der erste Urheber der Sünde, zum geistigen Tode der Menschheit, die volle Herrschaft hatte.

6. Das Reich Gottes und das Reich des Abfalls, das Leben des Geistes und der geistige Tod werden ewig mit einander im Kampfe liegen. Hier liegt das tiefste Geheimniß der Bewegung in der modernen Gesellschaft. Es ist ein Kreisen, das den Tod oder das Leben zur Welt bringen soll, und zwar als herrschenden Zustand; beides nicht bloß für die höchste geistige Sphäre, sondern für alle Gebiete des Lebens. Oder was ist die dumpfe, rathlose Resignation Vieler in einen bevorstehenden politischen und socialen Umsturz? Muß die moderne Gesellschaft sich selber das Urtheil sprechen? Oder gibt es aus dem unvermeidlich scheinenden Schiffbruch der höchsten Güter der Menschheit noch einen Ausweg? Der unsere Lage beim rechten Namen nennt, nur der gibt hierauf die rechte Antwort; und das ist Papst Pius IX. in seinem Rundschreiben.

Wir müssen zu Gott zurückkehren!

---

[1] Der Bischof von Aquila in der kathol. Academie zu Rom. Sein Vortrag ist im Monde (Edition semiquotidienne 1765. Nr. 7. 8. 10) mitgetheilt.

2. Das Urtheil.

7. Das Rundschreiben bereitet uns durch die Berufung auf den göttlichen Auftrag, welcher den Päpsten in Petrus geworden ist: weide meine Lämmer, weide meine Schafe; durch die Hinweisung auf das ewige Heil der Menschen als den obersten Gesichtspunkt in ihrem Hirtenamt; durch die Anknüpfung an geschichtliche Vorgänge ähnlicher Art, sowohl in der Regierung früherer Päpste als im Pontificate Pius' IX., auf die Bedeutung des Richterspruches, welcher folgen soll, und seine eigenthümliche Natur vor. Pius IX. sitzt zu Gericht über Ansichten, Bestrebungen und Parteien der modernen Gesellschaft; er legt an sie den Maßstab des göttlichen Glaubens an; er richtet sie nach der Stellung, welche sie zum übernatürlichen Ziele der Menschheit, zum Gute des Verstandes, d. i. zu der ewigen Wahrheit, und zum Gute des Willens, das ist zum Wege des ewigen Heils, zur göttlichen Richtschnur des sittlichen Lebens, einnehmen; ob sie sich heilsam oder schädlich erweisen für die Heilsanstalt, welcher diese Güter anvertraut sind, und damit für die menschliche Gesellschaft überhaupt, sofern für sie diese Güter keineswegs gleichgültig sind. Und sein Urtheil lautet auf schuldig: schuldig des Irrthums, der Abweichung von der Wahrheit, selbst der natürlichen, und vom Wege zur Seligkeit; schuldig der Feindseligkeit gegen die Kirche, ja gegen die menschliche Gesellschaft selber. Betrachten wir, was der Papst verdammt im Angesichte der katholischen Christenheit und eben damit als einen tödtlichen Krankheitsstoff für immer ausscheidet, so nehmen wir wahr eine Reihe von Grundsätzen, Bestrebungen, Parteien und Parteimitteln. Und zwar fügt die Encyclica vom 8. Dezember 1864 den vielen modernen Ausgestaltungen des Irrthums, die, wie der Syllabus mit seinen 80 Thesen ausweist, schon früher in mehreren Allocutionen, Rundschreiben und sonstigen Erlassen verdammt worden sind, eine neue Reihe derselben bei, die gleich jenen Sprossen einer und derselben Grundwurzel, oder neue Strömungen sind, welche „aus den gleichen Irrthümern wie aus den Quellen hervorbrechen" [1].

8. Stehen diese Grundsätze unter sich im Zusammenhange? Allerdings! entfernen sie sich auch nicht gleichweit von der Wahrheit, sie haben doch eine gemeinsame Grundlage, die mehr oder weniger vollkommen in ihnen

---

[1] Encyclica vom 8. Dez. 1864.

zum Vorschein kommt: die Abkehr nämlich von der übernatürlichen Leitung des Menschen. Dasselbe muß von den Bestrebungen gesagt werden: zuletzt vereinigen sich alle in dem Einen Hauptziel, diese göttliche Leitung des Menschen durch die Religion zu hindern oder zu beseitigen. Die Parteien, welche dadurch der Kirche feindlich entgegenwirken, stehen zwar weit auseinander; wer wollte nicht verkennen, daß zwischen einem kirchlich Liberalen, der noch an der göttlichen Stiftung der Kirche festhält, und einem Socialisten, welcher selbst mit dem Glauben an eine Vergeltung im Jenseits in seinem Herzen aufgeräumt hat, ein großer Abstand ist? Und doch haben sie noch ein Gemeinsames, finden sich irgendwo, z. B. in der Bekämpfung des heiligen Stuhles, noch zusammen. Diesem Gemeinsamen dienen auch die Mittel der Parteien, die Presse und die Vereine, je nach dem Grade, in welchem sie dasselbe darstellen. Es bilden also die einzelnen Sätze der beiden Actenstücke, so lose sie auch aneinander gereiht sind, durch die gemeinsame Grundlage und das gemeinsame Ziel der Bestrebungen Ein großes System und die verschiedenen Parteien Eine zusammenhängende Partei der Verneinung. Die Verdammung aber trifft das ganze System: den modernen Liberalismus im umfassendsten Sinne des Wortes, wie er den eigenen Wortführern der Partei gilt; ihn nicht allein als Doctrin, sondern auch als Partei; nicht bloß seine Grundlage, sondern auch die daraus gefolgerten Grundsätze und Bestrebungen [1]. Aber dieses Urtheil, für welches ein allgemeiner, milder Ausdruck: Irrthümer der heutigen Zeit, gewählt ist, trifft weder die Lehren noch die Parteien in gleicher Weise. Was das Erste betrifft, ist „Irrthum" mit Häresie nicht gleichbedeutend, und wer wollte nicht einräumen, daß von den Ungläubigen unter den Liberalen Jene weit verschieden sind, die wenigstens noch die Grundlehren des Christenthums annehmen? Im Rundschreiben nun werden die vornehmsten Lehren des Liberalismus, das Wort im engeren Sinne verstanden, aufgeführt, die Grundlage nur berührt, sowie die Bestrebungen, welche jenen Lehren entsprechen, und ihr letztes Ziel angegeben. Im Syllabus ist die Grundlage mehr entwickelt und sind noch andere Richtungen, die aus der Grundlage abstammen, sowie verwandte Ausläufer des liberalen Systems aufgezählt. Das Rundschreiben beschäftigt sich ausführlich mit zwei Abtheilungen der liberalen Partei im engeren Sinne; im Eingange aber wie am Schlusse berührt es noch die

---

[1] Vergl. die 80. These mit den Sätzen der Encyclica.

Ungläubigen als dritte Klasse, ohne sie ausdrücklich zu verurtheilen, ohne Zweifel, weil sie längst gerichtet sind: die Christusläugner, die deistischen oder pantheistischen Rationalisten, die grundsätzlichen Feinde aller Religion; die erklärten Umsturzmänner bis zu den socialistisch-communistischen Unterwühlern der gesammten, auf Religion und Recht aufgebauten Ordnung in Kirche, Staat und Familie; es sind Jene, gegen welche der Papst seit dem Antritte seines Pontificates einen beharrlichen Krieg zu führen sich genöthigt sah. Im Syllabus sind diese drei Klassen [1] mit ihren Lehren genauer gezeichnet; und es sind die den zwei ersten verwandten Abarten, namentlich der Indifferentismus und theologische Rationalismus, herein genommen.

9. Fassen wir die erste Fraction, welche gleichsam die Mitte hält, den eigentlichen Stamm der Liberalen, in's Auge. Hierher gehören, nach der Zeichnung des Rundschreibens, Alle, welche einen gottlosen oder doch indifferenten Staat, die Trennung von Staat und Kirche, als die Forderung der Neuzeit vertheidigen; die Strafpflicht des Staates den Religionskränkungen gegenüber bestreiten; Gewissens-, Cultus- und Preßfreiheit als unveräußerliche Rechte des Menschen im Gegensatz gegen das göttliche Recht der Offenbarung über den Menschen, und den „durch die sog. öffentliche Meinung kundgegebenen Volkswillen als das oberste von allem göttlichen und menschlichen Recht freie Gesetz" gegen das im Staate und in der Kirche zu Recht Bestehende vorkehren; hier finden sich auch die sittlich wie religiös Indifferenten, die gemeiniglich den Genuß und seine Mittel als ihr höchstes Gut behandeln und ihren Haß gegen die Religion durch die Verfolgung der religiösen Orden und die Bestreitung der christlichen Wohlthätigkeit und der Sonntagsfeier offen an den Tag legen, und, nicht zufrieden mit der Verdrängung der Religion aus dem öffentlichen Leben, sie auch der Familie zu rauben suchen, daher diese ihrem religionslosen Staate, die Jugend einer widerchristlichen Erziehung zu unterwerfen streben und die Kirche vom Jugendunterrichte ausschließen [2]. Die zweite Klasse, diejenigen nämlich, welche im Bruche mit der Kirche nicht so weit gehen, bestreiten doch im Princip ihre Unabhängigkeit von der weltlichen Gewalt, unterwerfen jene dieser in Allem, was sich auf die äußeren Angelegenheiten bezieht; wollen die Gültigkeit

---

[1] Die 3. in § 1, These 1—7; § 4; § 6, Thesen 39. 40; § 7, Thesen 58—64. Die erste und zweite namentlich in §§ 5. 6. 9. 10.
[2] Encyclica.

ihrer Gesetze von der Genehmhaltung der Staatsgewalt abhängig machen, ihren Censuren gegen die Geheimbünde z. B. da, wo die Staatsgewalt entgegen ist, die Rechtskraft absprechen, von allen zeitlichen Angelegenheiten das Gesetzgebungsrecht der Kirche ausschließen, dieser das Recht, zeitliche Strafen zu verhängen, versagen und das kirchliche Vermögen der Willkür der Staatsregierung überantworten. In dieser Klasse hört man auch das Schlagwort, daß man den innern und äußern Gehorsam gegen die Kirche auf das Dogma und die Sitten beschränken müsse, d. h. auf dasjenige, was diese Liberalen für Glaubens- und Sittenlehre ansehen.

10. Die Grundlage dieser gemäßigten Liberalen ist die häretische Lehre, daß die geistliche Gewalt nicht geschieden und unabhängig sei durch göttliches Recht von der weltlichen; und da dieses Princip im Grunde gegen die Uebernatürlichkeit des Christenthums ist, so werden sie mit den Erstern mit Recht zusammengestellt. Die tiefere Grundlage dieser Erstern aber ist der Naturalismus [1], d. h. hier die ausdrückliche Läugnung des Uebernatürlichen, Göttlichen in der Kirche, einer übernatürlichen Ordnung überhaupt; mag sich nun diese Läugnung mit Gründen, als theoretischer Unglaube, wie bei den erklärten Deisten und Pantheisten, oder nur practisch, mit Absehen von tieferer Begründung, in der Politik, im Leben geltend machen, wie wir dieses Letztere bei unsern Liberalen gewöhnlich wahrnehmen. Die letztgenannten practischen Anhänger der naturalistischen Richtung wollen die Kirche sich ferne halten, von ihr frei und unabhängig sein in allen socialen wie persönlichen Verhältnissen, so daß sie ein rein natürliches Menschheitsleben anstreben. Die Halbliberalen begnügen sich damit, die Kirche aus der Politik und dem öffentlichen Leben zu verbannen und hierin sich freie Hand zu bewahren. Gehen die Ersteren, die entschiedenen Liberalen, auf den theoretischen Grund ihrer Ansichten und Bestrebungen, so müssen sie das Christenthum für eine menschliche Einrichtung erklären, die Gottheit Christi und die Offenbarung überhaupt läugnen. Hier treffen sie dann mit der dritten Klasse der Feinde der Kirche und der christlichen Ordnung zusammen, die sich nicht damit begnügen, ein gegen die Offenbarung indifferentes Verhalten zu fordern, sondern darauf ausgehen, eine ganz neue Ordnung der Dinge auf der Grundlage des Unglaubens aufzurichten, habe nun dieser, wie es im vorigen Jahrhundert vorherrschend der Fall war, deistische,

---

[1] „Indem sie auf das bürgerliche Gemeinwesen das gottlose und unsinnige Princip des Naturalismus anwenden." Encyclica.

oder aber, wie in dem unsrigen, pantheistische Form angenommen. Sie machen den menschlichen Verstand zum höchsten Richter, die menschliche Willkür zum höchsten Herrn und rüsten den Staat oder an seiner Statt die socialistisch aufgefaßte menschliche Gesellschaft mit unbeschränkter Gewalt aus.

11. Auf dieser Stufe angelangt, finden wir bei den folgerichtigen practischen Anhängern des Princips nicht nur das Recht auf die Revolution anerkannt, sondern auch thatsächlich angestrebt die Auflösung alles Dessen, was kraft göttlichen und menschlichen Rechtes unter den Menschen, namentlich in katholischen Staaten, besteht; denn alles Bestehende ist dieser Partei Erzeugniß menschlicher Willkür und zufälliger Umstände und bleibt so auch der Willkür unterworfen, die so viel Recht hat, als sie Gewalt besitzt. Wie im öffentlichen Leben die Revolution die Wirkung dieser Grundsätze ist, so in den Einzelnen die volle Zügellosigkeit jeder menschlichen und höheren Autorität gegenüber; die letzte Quelle all' jener Erscheinungen, die wir in der französischen und ihrer Nachgeburt, der italienischen Revolution, thatsächlich vor Augen sehen, zugleich die Spitze der vollkommenen Verneinung, in welche die moderne deutsche Philosophie und ihre Ableger in außerdeutschen Ländern gleichfalls thatsächlich ausgelaufen sind. Hier auch ist der Tummelplatz der verschiedenen Geheimbünde; hier die Quelle jener monströsen Satansculte, die sich in der neuesten Belletristik ungescheut geltend machen, mit allen Widernatürlichkeiten, zu denen der aus den Bahnen seiner Natur geworfene Menschengeist fortgetrieben werden kann. Im Lichte der ewigen Wahrheit aber haben wir hier das reine dämonische Widerspiel gegen das Reich des menschgewordenen Sohnes Gottes und seine übernatürliche Ordnung in der Menschheit: den mit allen denkbaren Mitteln sich rüstenden Versuch, das Heidenthum und mit ihm die Herrschaft des Fürsten dieser Welt wieder aufzurichten. Folgen wir dem Rundschreiben, so steigen aus diesem Sumpfe alle Irrlichter der Zeit auf, so entspringen hier alle die gegen die Kirche und den apostolischen Stuhl gerichteten Unternehmungen; hier auch ist der Punkt, wohin die Päpste unverwandten Blickes, Fürsten und Völker zur Wachsamkeit gegen die der menschlichen Gesellschaft drohende Gefahr aufrufend, ihre Angriffe gerichtet haben.

12. So hat namentlich Pius IX. sogleich beim Beginne seines Pontificats, in der Encyclica vom 9. November 1846, es nicht versäumt, Hirten wie Völker auf's Eindringlichste zu mahnen, „daß sie von der An-

steckung einer so schrecklichen Pestseuche in jeder Hinsicht mit Entsetzen
sich abkehrten und sie mieden", und „jene ungeheuerlichen Ansichten" ver=
dammt, „aus benen nahezu alle andern Irrthümer ihren Ursprung
herleiten", welche nicht allein der Kirche, ihrer Lehre und ihren Rechten,
sondern selbst dem Naturgesetze widersprechen und für Religion und
bürgerliche Ordnung gleich Verderben bringend sind." Und wenn wir
seine Allocutionen und Sendschreiben durchblättern, so sehen wir, wo
immer sich ein Anlaß bietet, vorangestellt jenes „ruchlose Geschlecht der
Ungläubigen, welche wo möglich allen Gottesdienst ausgetilgt" haben
möchten [1]; jenen alle Offenbarung läugnenden Rationalismus, in Be=
treff dessen er am Schlusse der eben genannten Encyclica die Hoffnung
ausspricht, daß er durch die Fürbitte der allerseligsten Jungfrau, die alle
Ketzereien auf dem Erdkreis ausgetilgt hat, als der „verderblichste Irr=
thum" „von Grund aus ausgereutet werde". Und hierin stimmen ihm
die im Jahre 1862 um ihn versammelten Vertreter des gesammten ka=
tholischen Episcopates vollkommen bei. „Schon seit mehreren Jahren,"
sagen sie, „ist der Wahnsinn einiger Menschen dahin gekommen, daß sie
nicht mehr bloß einzelne Lehren der Kirche zu verwerfen oder in Zweifel
zu ziehen versuchen, sondern die christliche Wahrheit ganz und gar, das
christliche Gemeinwesen von Grund aus umzustürzen sich vorsetzen" [2].
Auf diese Quelle führen auch sie wie das Oberhaupt der Kirche all' die
zahllosen Angriffe auf das Ansehen der hl. Schrift, auf den christlichen
Unterricht, die religiösen Orden, die zahllosen Arten von Verfolgungen
gegen die Geistlichkeit überhaupt und den hl. Stuhl insbesondere, durch
alle Mittel der Presse, der thatsächlichen Inschutznahme der öffentlichen
Prostitution, des Verrathes, der Gewaltthätigkeit und der allgemeinen
Corruption zurück. Wir haben hier ein Verdammungsurtheil, das, man
darf es nur aussprechen, so allgemein, so unbedingt lautet, daß es un=
nöthig scheint, dabei länger zu verweilen. Nur das ist zu seiner Er=
gänzung anzuführen, daß der hl. Stuhl zuerst mit aller Energie, als
die Gefahr sich der Gesellschaft näherte, dieselbe angezeigt und seitdem
mit der beharrlichsten Standhaftigkeit, unter den schwersten Leiden, den
Kampf bis zur Stunde fortgeführt hat. Hieher gehört die Verdam=
mung der Geheimbünde und die Stellung, welche die Päpste zur fran=

---

[1] Singulari quadam vom 9. Dezember 1854. Im Recueil des Allocutions
et Encycliques S. 335.
[2] Recueil S. 524 ff.

zösischen Revolution einnahmen. Schon Clemens XII. sah sich bestimmt, im Jahre 1738 (den 28. Mai) die damals erstarkenden Freimaurer=
bünde, in denen sich der Indifferentismus und Deismus „unter einem gewissen angenommenen Scheine von natürlicher Sittlichkeit" verbargen, als nach allgemeinem Urtheile dem Gemeinwohl gefährliche Verbindungen zu ächten. Benedict XIV. erneuerte die Acht, indem er die Beweg=
gründe des kirchlichen Verdammungsurtheils anführte: die Gefahr, die den Katholiken darin für die Reinheit des Glaubens droht; das Ge=
heimhalten unter eidlicher Verpflichtung; den Widerspruch mit dem öffent=
lichen Rechte, welches nur von der Obrigkeit genehmigte Verbindungen zuläßt. Hätte man doch dieser Verordnung der Päpste das gehörige Gewicht beigelegt! ruft Pius VII. 1821 in jener Constitution aus, in welcher er dieselbe auf die weiteren, „aus jener entstandenen, viel schlim=
meren und verwegeneren" Verbindungen, namentlich die der italienischen Carbonari u. s. w. ausdehnt. Bei ihnen und den andern ihnen ver=
sippten Bünden der Gegenwart, den Vätern der europäischen Revolution, tritt die Absicht, die Menschen vom Glauben an Christus abzubringen, unverhüllt auf, so sehr sie auch da und dort Anhänglichkeit an die Kirche heucheln, um desto leichter sich zu verbreiten. Bei ihnen, wie bei allen kommenden Secten ist neben der vollen Preisgebung der Religion die Erlaubtheit des Aufruhrs und Fürstenmords eine Grundlehre; und wie ihre Vorgänger im Alterthume, die Priscillianisten, ergeben sie sich allen erdenklichen Ausschweifungen. Zum Ueberflusse beweisen das ihre Bücher und Statuten [1]. Im Pontificate Pius' IX. gelang es ihnen, den un=
versöhnlichen Haß, den sie dem Papstthume geschworen haben, in viel vollkommenerem Maße, als bis dahin, an den Tag zu legen. Sie wei=
sen sich hier als der eigentliche Herd aller revolutionären Umtriebe, na=
mentlich aber der obengenannten naturalistischen Grundketzereien unserer Zeit aus. Daher werden in den Bullen und Allocutionen des Papstes, welche diese Grundirrthümer kennzeichnen, die Geheimbünde immer zu=
gleich aufgeführt, die Mittel, die sie anwenden, und ihre traurigen Er=
folge in dem allgemeinen sittlichen, religiösen und socialen Ruine des ihnen überantworteten unglücklichen Italiens geschildert [2].

---

[1] Die Bulle Leo's XII. Quo graviora vom 13. März 1826 mit den Consti=
tutionen seiner Vorgänger s. Recueil S. 124 ff.

[2] Als die Urheber dieses Ruins in die päpstlichen Staaten einrückten, erklärten sie, die moralische Ordnung daselbst wiederherstellen zu wollen; sie meinten ihre rein menschliche Ordnung, d. h. sie errichteten, wie die päpstliche Allocution vom

13. Das also ist jene dritte Art von Gegnern, welche alle Acte des Papstes als die eigentliche Grundsuppe aller Irrthümer der neuern Zeit, als das Agens der socialen und sittlichen Auflösung, als das Centrum all' der Kreise, welche sich gegen die Kirche und den hl. Stuhl aufstellen, behandelt. Das stärkste Urtheil nun, das der Papst Pius IX. über den Liberalismus fällen konnte, besteht darin, daß er ihn an diese folgerichtigen Naturalisten und ihre verschiedenen Fractionen, die Socialisten und Communisten namentlich, anreiht [1] und sie auf eine mit dieser gemeinsame Grundlage, eben den Naturalismus, zurückführt. Dieser Urtheilsspruch geht in seiner Tragweite über die Formen des heutigen Liberalismus weit hinaus; nicht nur werden diese durch ihn als Entwicklungsstufen einer und derselben Grundhäresie: der bewußten oder unbewußten Läugnung der übernatürlichen Ordnung in der Kirche erklärt, sondern in seinem Lichte erscheinen die verschiedenen liberalen Systeme, welche seit Jahrhunderten, bis auf die Zeiten von Bonifaz VIII. zurück, die Kirche gequält haben, als Glieder an derselben Kette von Irrthümern. Ja sie reichen mit ihrem Grundgedanken die Hand jenen Häresien, gegen welche die Vorsehung den hl. Augustinus in der Kirche erweckt hat; die ähnlich, wie heute der Deismus und materialistische Pantheismus, im Wechselbunde als Pelagianismus und manichäische Naturvergötterung darin übereinstimmten, die übernatürliche Leitung des menschlichen Geschlechtes wenigstens indirect, im Princip, zu bestreiten. Es ist deßhalb nicht ohne tiefe Bedeutung, wenn Papst Pius IX. an das Wort erinnert, womit Papst Innocenz I. in Bestätigung der afrikanischen Synoden (416), den pelagianischen Naturalismus verdammt hat: „daß nichts so tödtlich, dem Falle nahebringend, nichts so ausgesetzt aller Gefahr sei, als wenn wir, wähnend, das allein vermöge uns zu genügen, daß wir bei der Geburt das freie Willensvermögen empfangen

---

28. September 1860 hervorhebt, „öffentliche Schulen für jede Art falscher Lehren, und öffentliche Freudenhäuser, und suchten durch abscheuliche Schriften und Schauspiele die Scham, die Züchtigkeit, die Ehrbarkeit und die Tugend zu beseitigen."

[1] „Lehrend und bekennend", heißt es von den Liberalen, „den so unheilvollen Irrthum des Communismus und Socialismus, behaupten sie ꝛc." (s. oben S. 13); und hinwiederum: „mit solchen gottlosen Meinungen und Umtrieben haben es diese betrügerischen Menschen hauptsächlich darauf abgesehen, daß die heilsame Lehre der katholischen Kirche von der Erziehung der Jugend gänzlich verdrängt werde. Wie denn auch Alle, welche Kirche und Staat unterwühlen" u. s. w. Und in der Einleitung der Bulle Quanta cura werden alle Irrthümer unserer Zeit überhaupt eine schreckliche Pestseuche genannt.

haben, nichts weiter bei dem Herrn suchen, d. h. unseres Urhebers vergessend, seine Macht abschwören, um uns als frei zu erweisen" [1].

14. **Ist nun der Naturalismus wirklich die Grundlage des liberalen Systems?** Es ist uns hier nicht um einen eigentlichen Beweis hievon zu thun, aber gehen wir zuerst von der Hauptlehre des letztern aus, daß „die Freiheit der religiösen Meinung und des Cultus ein unveräußerliches Menschenrecht" sei, einzig beschränkt durch die Rücksicht auf die Staatsordnung; daß darum Staat und Kirche zu trennen und der Staatsschutz für die Religion zu beseitigen sei: so ist klar, daß dieser praktische Grundsatz nur dann aufrecht erhalten werden kann, wenn es zum wenigsten dahin gestellt bleibt, ob das Christenthum eine göttliche Religion sei oder nicht, und in Folge hievon die in ihm uns gebotene göttliche Leitung der Einzelnen und der Völker bestritten wird, was naturalistische Lehre ist. Thatsächlich ist auch in der französischen Nationalversammlung zumeist von Seite der Ungläubigen das amerikanische Princip der Trennung durchgesetzt worden. Dasselbe tritt noch deutlicher in andern liberalen Lehren: in der Annahme einer sittlichen und rechtlichen Unabhängigkeit des Menschen Gott gegenüber, in der Vergötterung des Staates, in der Ersetzung des heiligen Willens Gottes durch die öffentliche Meinung als Norm der Gesetzgebung und in dem bei allen Liberalen wiederkehrenden Bestreben, die Kirche als eine bloß menschliche Anstalt sich dienstbar zu machen, deutlich hervor.

15. Aber auch die Geschichte der liberalen Theorien ebenso wohl, als die der neueren Umwälzungen [2] zeigt diesen inneren Zusammenhang

---

[1] Encyclica.
[2] Wie die Christen mit heiligem Stolze zu der Pfingstversammlung zu Jerusalem, als der Geburtsstätte des hl. Geistes, welcher in ihnen lebt, aufschauen, so sind nach allgemeinem Zugeständnisse jene Cirkel im 18. Jahrhundert, in denen sich Alles vereinigte, was der Sitte und der Religion Hohn sprach, in denen die höchste Corruption mit der frivolsten Leichtfertigkeit Hand in Hand ging, die Wiege Dessen, was specifisch modern ist an der heutigen Gesellschaft. Ein Bolingbroke z. B., dieser „Vorkämpfer für die Rechte der Vernunft", „das Organ einer neuen Zeit", der sich nicht scheute, mit Seinesgleichen „die menschliche Natur zu verläugnen und zu schmähen"; „diese neuen Weisen", ohne alle „Begeisterung für Recht und Wahrheit", deren „Lehre als Predigt des gesunden Menschenverstandes in Frankreich und Deutschland herrschend ward", deren Ausläufer „die Religion für leeren Wahn, die Moral für Vorurtheil, kurz Alles, was nicht dem Genusse dient, für Unsinn erklärten": sie haben nach Eingeständniß der Liberalen selber die geistige Vaterschaft alles Dessen, wovon sich ihnen zufolge die neue Zeit nicht trennen darf. S. Schlossers Weltgeschichte für das deutsche Volk. 16. Bd. S. 130 ff. 168 ff.

zwischen den liberalen Grundsätzen und der völligen Trennung von der Offenbarung. Jene stellen sich nur als zeitweilige Accommodationen dar, als die Brücke zum vollendeten Bruch. Hinter dem liberalen Vorgehen in Deutschland im Anfange des Jahrhunderts standen, wie bekannt, als die eigentlichen Treiber erklärte Todfeinde des Christenthums, Illuminaten u. s. w.; bevor die französische Revolutionspartei zum Aeußersten schritt, wandte sie in der bürgerlichen Constitution des Klerus und den verschiedenen Edicten zur Beraubung der Kirche die liberale Zwangsjacke an; und die italienische Einheitspartei macht, denselben Gang einhaltend [1], kein Hehl daraus, daß alle ihre Maßregeln gegen die Kirche mit dem liberalen Motto: die freie Kirche im freien Staate, nur Vorbereitungen für den Hauptstoß gegen das Christenthum seien [2]. Ja einer einläßlichen Geschichtsbetrachtung stellen sich die absolutistisch liberalen Bedrängungen der Kirche im vorigen Jahrhundert längst als ebenso viele Vorbereitungen zum Umsturze des Christenthums durch die Encyclopädisten dar. Zum Ueberflusse haben wir hierüber die Eingeständnisse der Partei selber. „Was ist denn der Kern der Principien von 1789", fragte jüngst ein liberales Blatt, Le Temps, redigirt von protestantischen Elsäßern [3], „als die Rechtfertigung des Menschen durch sich selbst, die Heiligkeit des Gewissens, welches von jeder äußern Macht und von jedem Gesetz, das es sich nicht selbst gab, unabhängig ist? Und wie könnten ohne eine entsetzliche Heuchelei die Vertreter der Religion der Erbsünde, der Erlösung und der Gnade diesen Principien zustimmen?" Hier ist also nicht nur der innigste Zusammenhang mit dem Naturalismus von einem liberalen Organe bekannt; nein, er ist geradezu als Substanz des Liberalismus zugestanden.

16. Dieser innere Zusammenhang zwischen dem deistischen oder pantheistischen Naturalismus und dem Liberalismus ergibt sich aber endlich noch deutlicher, wenn wir den letzteren etwas genauer nach seinem Wesen betrachten. Wir folgen hierin der lichtvollen Darstellung des Bischofs von Poitiers, Monseigneur Pie. Er geht von der Charakteristik des Naturalismus durch Pius IX. aus, daß derselbe nämlich ist

---

[1] Zu vergleichen mit der Aufzählung in dem Sendschreiben Pius' VI. an die Bischöfe im Nationalconvent Quod aliquantum vom 10. März 1791 (Recueil S. 44) die Acta Pii IX. tom. II. p. 5 sqq., wo die vorbereitenden liberalen Vorgänge der piemontesischen Regierung gegen die Kirche bis zum J. 1855 zusammengestellt sind.
[2] Vergl. Die religiösen Orden. Paderborn, bei Badorf. 1865. S. 6.
[3] Hist.=pol. Bl. 5. H. 1865. S. 413.

„die Aufhebung jenes nothwendigen Zusammenhangs, welcher nach Gottes Willen zwischen der natürlichen und übernatürlichen Ordnung besteht," sowie eine „Veränderung, Untergrabung, Vernichtung der eigenthümlichen Natur der göttlichen Offenbarung, des Ansehens, der Verfassung und Gewalt der Kirche" [1]; hieran schließt der gefeierte Prälat folgende Erwägung [2]: „wenn man das erste und letzte Wort des Irrthums unserer Zeit aufsucht, so erkennt man mit Sicherheit, daß dasjenige, was man modernen Geist nennt, in seiner eigentlichsten Bedeutung nichts anderes ist als der Anspruch auf das (erworbene oder angeborene) Recht zu leben einzig im Kreise der natürlichen Ordnung; ein moralisches Recht so unbedingt, so verwachsen mit dem Innersten der Menschheit, daß sie nicht darauf verzichten könne, irgend welcher Einmischung einer höhern Intelligenz oder eines höhern Willens, also auch nicht irgend welcher Offenbarung und Leitung, die direct von Gott komme, zu Gefallen, ohne ihr eigenes Todesurtheil zu unterschreiben. Dieses unabhängige und repulsive Verhalten der Natur zu der übernatürlichen, geoffenbarten Ordnung bildet die Häresie des Naturalismus, ein Name, den sowohl der Sprachgebrauch der Secte, welche sich zu diesem gottlosen Systeme bekennt, als auch die Kirche, die es verdammt, gebraucht." Zur Charakteristik der Häresie zieht eben dieser Prälat eine Parallele mit der ersten Empörung Lucifers, welcher, nach dem hl. Thomas, die Unterordnung unter den menschwerdenden Logos verschmähend, durch seine natürliche Kraft das Ziel der Seligkeit erreichen wollte, sei es, daß er sich von der übernatürlichen Seligkeit abkehrte, um sich mit der natürlichen zu begnügen, sei es, daß er die übernatürliche auf natürlichem Wege zu erreichen gedachte, in beiden Fällen die Gleichheit mit Gott anstrebend, der seine Seligkeit durch seine Natur hat [3]. Er unterscheidet sodann in den Anhängern vier verschiedene Stufen des Naturalismus: die mildeste Form nach ihm ist bei Jenen, welche die übernatürliche Ordnung, die Autorität Christi, zulassen in den privaten und geistlichen Angelegenheiten, aber ferne halten von den öffentlichen und zeitlichen Dingen. Diesen hält er entgegen, sie wollen, genau genommen, daß das Wort Gottes in seiner Menschwerdung bloß das Geistige der mensch-

---

[1] Recueil S. 456. Es ist die Alloc. Maxima quidem vom 9. Juni 1862.
[2] Aus der Civ. Catt. L. vom 4. Febr. S. 277 ff. Die Stelle ist hienach aus der Troisième instruction synodale etc. sur les principales erreurs du temps présent, p. 10.
[3] Summa theol. I. q. 63. a. 3.

lichen Natur mit sich vereinigt habe, während uns doch der Glaube lehre, daß es für Wesen, zusammengesetzt aus Leib und Seele, berufen zu einem geselligen Leben, incarnirt worden ist. Sie beschränken also die Wirkung der Menschwerdung auf die Seelen, oder doch auf die Individuen, absehend von der menschlichen Gesellschaft. Daher bei ihnen die Unterscheidung zwischen den Pflichten des Christen und denen des Bürgers; daher das Meistern der Kirche in einem bestimmten Kreis von practischen Fragen, in denen sie ihr die Competenz nicht zugestehen. Wir haben hier die Schule der „aufrichtigen und unabhängigen Katholiken". Die zweite Stufe betrachtet das Uebernatürliche als Etwas, was der Willkür des Menschen überantwortet sei, so daß er sich der Ordnung fügen könne oder nicht; die natürliche Ordnung hingegen wird von ihnen bereits als etwas in ihrer Art Vollkommenes, sich Genügendes angesehen und behandelt. Dem Staate ist das Priesterthum dieser Ordnung mit dem Unterricht und der Gesetzgebung anvertraut, die positive Religion bleibt Sache der Individuen, gegen welche er sich neutral verhält. Hier findet sich der sog. säcularisirte oder Laienstaat im Gegensatz zu den Clerikalen, d. h. Denjenigen, welche, ihres Taufcharakters eingedenk, ihre Zugehörigkeit zur Kirche beibehalten. Diese beiden Stufen läugnen die übernatürliche Ordnung bloß in ihren Folgen, sie greifen sie nicht an in ihrem Bestande. Dieses Letztere geschieht von Denen, die nicht auf halbem Wege stehen bleiben. In der That, wenn die übernatürliche Ordnung besteht, wie will man sie auf die Individuen einschränken, oder das Maß ihrer Annahme von individueller Willkür abhängig machen? „Die Thatsache zugestehen, heißt sich dem Gesetze derselben unterwerfen." In dieser Hinsicht sind die rationalistischen Deisten und die „deutschen" Pantheisten folgerichtiger. — In den beiden ersten Formen haben wir den politischen, in den beiden letzten den philosophischen Naturalismus.

17. Diese Ausführung erweist überzeugend genug den Naturalismus als Grundlage der beiden liberalen Fractionen und eben damit auch den Zusammenhang dieser beiden mit den weitergehenden und folgerichtigeren Socialsystemen, welche derselben Wurzel entstammen. Das päpstliche Rundschreiben aber fand, abgesehen vom Anhange, für gut, bei der Verurtheilung des Liberalismus, des vollen und des gemäßigten, stehen zu bleiben. Ergänzen wir diese Formen des politischen Naturalismus, die sich hauptsächlich in katholischen Ländern, wie Belgien, Frankreich, Spanien und Italien ausgebildet haben, hier durch die socialistischen Er-

treme des Naturalismus: so müssen wir in Deutschland ähnliche Formen des Rationalismus hereinnehmen. Sie haben das gemeinsam, daß sie die Wahrheit der Offenbarung, des Glaubens nicht läugnen, aber bezüglich der wissenschaftlichen Behandlung der Glaubenswahrheiten, die Rechte der kirchlichen Autorität, das unfehlbare Lehramt der Kirche nach ihren Gesichtspunkten einschränken; und zwar sprechen die Einen, die gemäßigteren, im Gegensatz zur kirchlichen Theologie in dieser einen Gebrauch der Vernunft an, welcher von der Kirche nicht anerkannt wird [1]; die Andern gehen noch weiter, indem sie einerseits die Autonomie der Vernunft auf ihrem Gebiete zur völligen Unabhängigkeit von der kirchlichen Autorität und der Offenbarung erweitern [2] und auf der andern Seite die wissenschaftliche Behandlung, ja sogar die Begründung der Dogmen der natürlichen Wissenschaft vindiciren, als ob ein unfehlbares Lehramt nicht bestünde [3]. (Andere historische Vorläufer im Protestantismus und Jansenismus lassen sich mit Leichtigkeit hier einreihen.) Eine dritte, dem Leben mehr als der Wissenschaft und Politik angehörende, aber analoge Stellung zur Religion ist jene, welche sich im Indifferentismus, im religiösen und weiterhin im sittlichen, der mit dem Sensualismus gemeinhin sich verbindet, ausprägt. Die mildeste Form des Indifferentismus ist offenbar jene, welche sich um die neben der Kirche gegebenen confessionellen Unterschiede nicht kümmert, es dahingestellt sein läßt, ob diejenigen, welche gänzlich außer der Kirche leben, selig werden können oder nicht. Tiefer geht der positive Indifferentismus, der entweder aus einem von der Kirche entfremdeten irrigen Begriffe über die Wahrheit des Glaubens, oder aus deistischer oder endlich gar atheistischer Verachtung des Christenthums entspringt und dann zur Verfolgung der Religion übergeht. Die Abkehr des Willens zu den irdischen Gütern kann in gleicher Weise mit bloßer Gleichgültigkeit gegen die Religion oder positiver Entfremdung von ihr verbunden sein. Diese doppelte praktische Verläugnung des Glaubens und seiner Gebote hält mit den genannten rationalistischen und politischen, beziehungsweise socialistischen Formen des Naturalismus gleichen Schritt.

18. Bleiben wir also bei der Grundauffassung des Bischofs von Poitiers, daß der Naturalismus verurtheilt ist, so können wir diesen nunmehr in dreifacher Hinsicht genauer bestimmen: nach seinem In-

---

[1] Zu vergleichen die Thesen 12 und 13 des Syllabus.
[2] Thesen 10. 11. 14.   [3] Thesen 8. 9.

halte ist er Läugnung des göttlichen Rechtes der Offenbarung über den Verstand und Willen des Menschen, Emancipation des menschlichen Geistes überhaupt von der übernatürlichen Leitung Gottes. Folgerungen bilden der Anspruch auf unbeschränkte Freiheit für den Einzelnen in seinen Grundsätzen und im Aussprechen derselben, auf den atheistischen oder indifferenten Staat; in diesem die Anerkennung eines Rechtes auf die Revolution; die Identificirung von Recht und Gewalt; endlich die social-communistischen Theorien über die Familie, das Eigenthum und die persönliche Freiheit. Eine zweite Eintheilung ergibt sich, wenn wir auf die Kreise hinsehen, worin er sich bethätigt. Hienach ist der Naturalismus im Bereiche der Erkenntniß Rationalismus, in dem der Politik Liberalismus und Socialismus, sittlich genommen im Leben Sensualismus und Indifferentismus. Endlich, faßt man den Grad seiner Ausprägung in's Auge, so kann man, ähnlich wie einst vom eigentlichen Pelagianismus der Semipelagianismus unterschieden wurde, so einen Seminaturalismus von dem eigentlichen vollen Naturalismus mit dem charakteristischen Merkmal unterscheiden, daß der erstere den Bestand der Offenbarung nicht direct läugnet, sie dahingestellt sein läßt, und nur gewisse, sei es für die von ihm angesprochene Freiheit der Wissenschaft, oder für die Freiheit in der Politik, oder endlich für die allseitige Freiheit im Leben einschränkende Folgerungen aus der Thatsache der Offenbarung und ihrer Bethätigung in der Kirche bestreitet; während der volle Naturalismus, heutzutage hauptsächlich auf die Läugnung des persönlichen, weltfreien Gottes sich stützend, die Offenbarung von allen Seiten angreift, ja sogar hiebei alles Dasjenige aus der natürlichen Gotteserkenntniß und Sittenlehre verliert, woran die Formen desselben, die man Deismus und Rationalismus nennt, noch festzuhalten suchen. Mit Leichtigkeit lassen sich diese verschiedenen Schattirungen an der Organisation der Secte nachweisen; der Liberalismus z. B., wie man den vorherrschend politischen Naturalismus heißen mag, findet sich vornehmlich in politischen Vereinen, die deistische aber und pantheistische Actionspartei in den geheimen Gesellschaften organisirt.

19. Hiemit ist es nun aber erleichtert, das Verdammungsurtheil des hl. Stuhles genauer zu umschreiben. Nicht ausdrücklich verdammt sind im Rundschreiben die vollen Naturalisten, wohl aus dem bereits angegebenen Grunde, weil sie schon gerichtet sind, obwohl die hauptsächlichsten Irrthümer derselben und ihre Geheimbünde in Syllabus aufgeführt werden. Dagegen ächtet das Rundschreiben den Seminaturalismus in sei-

nen beiden politischen Fractionen, sowie verschiedene Abarten im Syllabus angegeben sind. Die Encyclica, sagt die Civiltà hierüber[1], wendet sich nicht zur Widerlegung des pantheistischen Naturalismus, weil er zu absurd ist und seine Falschheit leicht begriffen wird. Der Deismus aber (der gleichfalls übergangen ist) hat auch noch die Logik gegen sich. Der politische Naturalismus ist mehr practisch. Der Hochmuth befriedigt sich, die andern Leidenschaften finden keine Hemmung, wo er angenommen ist. Man läßt Gott sein Recht, um die Ruhe und Ordnung zu sichern, was den conservativen Politikern nicht gleichgültig ist; dabei entzieht man sich dem demüthigenden Schutz der Offenbarung und der sie auslegenden Autorität. Der Papst hat also am rechten Punkt angesetzt, da er diesen politischen Naturalismus, d. h. die Trennung des Staates von der Kirche, mit der absoluten Gewissensfreiheit, geächtet hat. Und zwar hat er, wie wir gesehen, die beiden Fractionen des Liberalismus verworfen. Er hat namentlich geächtet ihr nur aus dem Naturalismus erklärbares Princip von der Freiheit des Gewissens in Sachen der Religion, als eines ursprünglichen menschlichen Rechtes und der daraus abfolgenden Trennung von Staat und Kirche. Hat er damit die da und dort gesetzlich bestehende religiöse Parität, eine politische Einrichtung, verurtheilt? Mit Nichten! Denn etwas Anderes ist der Grundsatz, daß es im Wesen des Staates liege, gegen die Religion gleichgültig zu sein; etwas Anderes die praktische Uebung, neben der vorzugsweise geschützten katholischen Religion andere Bekenntnisse zuzulassen. „Der hl. Vater verdammt hier nicht," wie die Civiltà zu Letzterem bemerkt, „die harte Nothwendigkeit, in welcher sich ein Staat befinden kann, zu dulden und freizulassen auch andersgläubige Culte, indem er Allen ohne Unterschied, Katholiken und Akatholiken, Gleichheit der Rechte und Erlaubniß zu öffentlichem Religionsbekenntniß gewährt, angesehen die eingewurzelte Spaltung im Glauben, welche die Gemüther der Bürger von einander trennt. Ein solches Gemeinwesen, wenn es sich auch nicht in der Lage einer normalen Existenz in Bezug auf die Offenbarung befindet, verlangt doch, daß der Regent und die Gesetze auf entsprechende Weise Rücksicht nehmen auf den Stand der Krankheit unter den Unterthanen, um größere Uebel zu verhüten und wenigstens das friedliche Zusammenleben der Staatsgenossen sicher zu stellen. Aber der hl. Vater ächtet den Grundsatz, daß nämlich eine solche Regierungsform die beste

---

[1] A. a. O. S. 283.

und die dem wahren Fortschritt entsprechendste sei; denn wäre das der Fall, so müßte dieselbe nicht allein auf die vorgenannten Gemeinwesen, sondern auf alle überhaupt, auch wenn sie aus Katholiken allein oder nahezu allein beständen, angewandt werden" [1].

20. Nach diesen Auseinandersetzungen wäre es Zeitverschwendung, wollten wir das Urtheil des hl. Stuhles gegen die zahlreich aufgetauchten Mißverständnisse, hinter denen eine verschlagene Tactik nicht zu verkennen ist, sicher stellen. Ohnehin ist hierin schon Genügendes geschehen, und der beste Weg der Widerlegung bleibt die genaue Darlegung des Inhalts im Einzelnen, die vorbehalten ist. Aber nicht versagen können wir uns, die allgemeine Regel aufzustellen: **getroffen sind Alle, die sich getroffen gefühlt haben.** Je mehr Geschrei, desto tiefer ging es. Die moderne Gesellschaft also, d. h. die heute existirende menschliche Gesellschaft, ist so wenig getroffen worden, als die Telegraphen und Eisenbahnen; auch der paritätische Staat hat keinen Laut von sich gegeben. Wohl aber wurden Leute getroffen, welche über diese Gegenstände ihre besondern Ansichten haben, z. B. die moderne Gesellschaft als eine Domäne der geheimen Gesellschaften ansehen. Sie und Ihresgleichen zu trösten, fühlen wir uns nicht berufen. Das Einzige, was ihnen und allen Denen, die mit der Encyclica unzufrieden sind, zu rathen ist, besteht darin, daß sie sich die Unterweisung des Papstes zu nutze machen und sich seinem Urtheile fügen. Ist aber diese Zumuthung nicht zu stark? Der Papst hat nicht bloß verwundet, er hat auch auf den heilenden Balsam hingewiesen, indem er an jene socialen Grundwahrheiten erinnert: „Glücklich das Volk, dessen Herr sein Gott ist"; „Die Gewalt ist nicht allein zur Regierung der Welt, sondern auch zum Schutze der Kirche gegeben"; „Auf dem Fundamente des katholischen Glaubens bestehen die Reiche." Der Liberalismus ist ein Krebsschaden an der modernen Gesellschaft, nicht bloß für das Glaubensleben, sondern auch für den Staat, der durch ihn an die Revolution gefesselt bleibt; für die Familie, welche durch ihn ihrer höhern Weihe beraubt wird; für die wahre Freiheit, deren feste Stützen er durch Läugnung des göttlichen Rechtes untergräbt. — Der Papst darf deßhalb mit Recht nicht allein aus der Mitte der Katholiken, sondern auch von Seite aller tiefer blickenden Freunde der rechtlichen und sittlichen Güter der Menschen Bei-

---

[1] A. a. O. S. 284.

fall und Unterstützung erwarten. Wird aber das wohl der Fall sein? Wird sein Mahnruf wirklich gehört und verstanden werden?

3. Der Papst.

21. Wer ist Derjenige, der inmitten des gebildetsten und mächtigsten Theiles der gesammten Menschheit über Sitten und Ansichten, über Gelehrte und Mächtige, über Schriftsteller und Industrielle, Einzelne und ganze Völker, Gläubige wie Nichtgläubige, ein höchstes Richteramt, das Amt des Censors, in dieser Encyclica vom 8. Dezember 1864 anspricht? Denn dieses war einst in der Römischen Republik das „ehrwürdigste unter allen obrigkeitlichen Aemtern" [1], „womit zugleich die ausgebreitetste Gewalt sowohl in andern Dingen, als insbesondere zur Besserung der Sitten," verknüpft war. Was der Censor in der Römischen Republik, das ist der Papst im christlichen Gemeinwesen, in jenem eigenthümlichen Gottesstaate und geistlichen Reiche, das, aus unscheinbaren Anfängen im Judenlande entspringend, schon in seinem ersten Oberhaupte die Hauptstadt des Römischen Reiches zu seinem Mittelpunkt wählte, und nunmehr seit achtzehn Jahrhunderten, unter den mannigfaltigsten Völkerbewegungen, innern und äußern Erschütterungen, seines unvergänglichen Bestandes sicher, allen Erwartungen seiner Feinde spottend, dasteht. Was ist der römische Papst, das Haupt einer in ihrem Bestande wie in ihrem Wachsthum für den Ungläubigen so räthselhaften Gemeinschaft? Was ist diese ihm unbegreifliche Herausforderung des modernen Geistes? Das Rundschreiben gibt uns hierauf eine doppelte Antwort. Es verweist den Frager zuerst auf die Geschichte. Was Pius IX. heute thut, haben seine Vorgänger, die man bis in die ältesten Zeiten hinauf als Nachfolger Petri angesehen hat, gleich ihm gethan. „Als Beschirmer und Vertheidiger der erhabenen katholischen Religion, der Wahrheit und Gerechtigkeit, haben die Päpste zu allen Zeiten" Irrlehren, „welche unserm göttlichen Glauben, der katholischen Lehre der Kirche, den guten Sitten und dem ewigen Heile der Menschen zuwider waren," „aufgedeckt und verdammt" [2]. Es geschah gewöhnlich inmitten großer Stürme und Aufregungen für die kirchliche wie bürgerliche Gesellschaft. Zeuge dessen sind die verschiedenen Fractionen der Jansenisten, die im 17. und

---

[1] Plutarch. Aemilius Paulus cp. 38.
[2] Rundschreiben. Eingang.

18. Jahrhundert in den Päpsten von Urban VIII. bis zu Clemens XI. ihre Richter fanden; die zahlreichen Schattirungen der Einen großen Glaubenstrennung des 16. Jahrhunderts, verurtheilt von Leo X. bis zu Pius IV., unter Mitwirkung des Concils von Trient; die Wiclefiten und Hussiten, welche im 14. und 15. Jahrhundert die Kirche verwüsteten und von Gregor XI. und seinen Nachfolgern geächtet worden sind; die Albigenser, Waldenser und Beguarden, die im 12. bis 14. Jahrhundert, die Päpste und die Concilien diesen zur Seite, darunter einen Innocenz III., zur energischen Gegenwehr aufriefen; die Ueberreste der Manichäer, die Läugner der sacramentalen Gegenwart Christi in der Eucharistie, die Bilderstürmer neben dem Ehrgeiz einzelner Hofbischöfe von Byzanz, die uns im Eingange des Mittelalters einen Gregor II., der den Kaiser Leo den Isaurier, den Bilderstürmer, zurechtweist, einen Nicolaus I. zeigen, der Photius von dem angemaßten Hirtenstuhl herabstößt; diese aber schließen sich wiederum würdig jenen heldenmüthigen Vertheidigern der katholischen Wahrheit auf dem hl. Stuhle an, welche unbeirrt durch die Machtsprüche des byzantinischen Hofes, bald zugleich mit den allgemeinen Concilien, bald ihnen vorangehend, die Gottheit Christi, seine menschliche Natur, die Würde seiner jungfräulichen Mutter und das von Christus stammende übernatürliche Leben, gegen Arius, Nestorius, Eutyches, Helvidius, Pelagius u. A. dem Glauben ungefälscht erhalten haben. Daß aber diese Päpste, ein hl. Cölestin I., ein hl. Leo der Gr., hiemit nur in die Fußstapfen ihrer Vorgänger aus der apostolischen Zeit, jener heldenmüthigen Blutzeugen für den Glauben, eingetreten sind, dafür zeugen endlich die Secten der Gnostiker, welche von den Nicolaiten angefangen bis zu den Manichäern herab von den Päpsten geächtet worden sind und von dem hl. Petrus in Simon dem Magier ihr erstes Verdammungsurtheil empfangen haben, wie Valentin vom hl. Pius I. um 150, die Montanisten zu Anfang des 3. Jahrhunderts vom hl. Zephyrinus verurtheilt worden sind.

22. Will man also wissen, was der Papst ist, der Papst, welcher heute den Liberalismus oder Seminaturalismus verdammt? eine doppelte Reihe von Thatsachen antwortet hierauf. Die Eine davon zeigt uns die Nachfolger Petri, unzweifelhaft als solche, als Häupter der Kirche anerkannt und unterstützt von den Concilien und Kirchenlehrern, von den heiligsten Männern und Bischöfen, zeigt sie uns, wie sie durch eine ununterbrochene Ueberlieferung der Gewalt, wie durch eine wunderbare Harmonie ihrer Grundsätze zusammenhängend, ohne Scheu vor der Macht ihrer Feinde,

der höhern Wahrheit, wo immer sie dieselbe angegriffen sehen, Zeugniß geben, gegen die Störenfriede die ihnen anvertraute Ordnung wahren, Jeden, der ihre oberste Macht anzuerkennen sich weigert, unter dem Beifalle der Christenheit als Feind Christi erklären. Die andere Reihe offenbart gleichfalls einen gewissen innern Zusammenhang: es sind die von den Päpsten Verurtheilten, die zwar sich einzeln widersprechen, aber alle übereinstimmen, wenigstens in der Feindschaft gegen den Stuhl Petri, und sich ergänzen zu einem großen Gegensystem der Lüge gegen die Wahrheit; Alles vorbringen, was diese in ihren einzelnen Theilen erschüttern könnte, und jede Waffe anwenden, welche menschlichen Zwecken Dienste zu leisten vermag. Beide Reihen sind gleich geeignet, uns Aufschlüsse über die Bedeutung des Papstthums für die Menschheit zu bieten. An die erste, an das feste Beharren des Stuhles Petri auf der göttlich ihm übertragenen Wahrheit, lehnt sich an eine stetig fortschreitende Erziehung der Völker, das Aufblühen einer neuen sittlichen, nach den höchsten Gütern hinstrebenden menschlichen Cultur, unter deren mildem Hauche die edelsten Blüthen der Kunst, der häuslichen Sitte, des bürgerlichen Gemeingeistes emporsprossen. Den Päpsten verdankt Europa in allen seinen Völkern die geistigen Güter, welche es heute noch zum herrschenden Welttheile machen; ohne die Päpste wären die germanisch-slavischen Völker in ihrer Wildheit nicht gebrochen worden. Die Päpste retteten die Menschheit über die Fluthen der Völkerwanderung; sie haben dem Halbmond fast ein Jahrtausend hindurch beharrlichen und wirksamen Widerstand geleistet; unter ihrer Leitung ist die neue Welt entdeckt und Ostasien erschlossen worden; was die Portugiesen und Spanier im Gehorsam gegen die Päpste gegründet, besteht heute noch, ist heute noch keineswegs erreicht von den nachgekommenen Nebenbuhlern, die Millionen von eingeborenen Christen auf den Philippinen, in Mittel- und Südamerika, sowie die festen Anfänge des Christenthums in der chinesischen Welt beweisen das. Und wie sie groß gewesen sind für das Menschengeschlecht im Ganzen, das allein unter ihrer Leitung eine die Kluft der Völker überbrückende Einheit erlebt hat, so waren sie an der Spitze aller wahrhaften Reformen im Socialleben der Völker. Sie haben unverrückt das Palladium wahrer Freiheit den Bedrückungen, Uebergriffen und Rechtsverletzungen der Mächtigen entgegengehalten; sie standen an der Spitze jener bischöflichen Vaterliebe gegen die Armen, die Wittwen und Waisen, die irgendwie Verfolgten; ein Gregor d. Gr. hielt es nicht unter seiner Würde, für arme Bauern, die in Sardinien

von kaiserlichen Beamten gequält wurden, beim Erarchen in Afrika wie am kaiserlichen Hofe Alles in Bewegung zu setzen, um dem Volke [1] Linderung zu verschaffen. Das Papstthum mit seiner unerschütterlichen Festigkeit in der Bewahrung der Glaubenseinheit; mit seinem beharrlichen Anbrängen an das große Ziel: das ganze Geschlecht der Kirche einzuverleiben und die sittlichen Grundsätze des Christenthums immer mehr zur Herrschaft zu bringen, ist gleichsam das Hochgebirge der Menschheit, von dessen Scheitel befruchtende Wasser niederströmen, in dessen Thalbuchten Einzelne wie Nationen den Gottesfrieden und mit ihm alle Segnungen einer wahren Sittigung und Bildung erlangen. Was kann die Häresie daneben aufweisen? Allerdings auch Höhen, auch Ströme, aber es sind Lavaströme, welche die Fluren des Christenthums mehr oder weniger verwüstet, die niederen Kräfte zwar entfesselt und hierin scheinbare Fortschritte bewirkt, aber von den höheren Geistesregionen herabgestürzt und soviel an ihnen war, die eigentliche Vervollkommnung des Geschlechtes aufgehalten haben [2].

23. Fürwahr, schon die Geschichte berechtigt Papst Pius IX., sich zum Sachwalter der Menschheit einem Lügensystem gegenüber hinzustellen, das unter der Larve schöner Phrasen den häßlichsten Krieg gegen die höchsten Güter des Geschlechtes, gegen die Wahrheit, gegen das Recht der Schwachen, gegen die Freiheit Aller verbirgt. Wir wollen jedoch hiebei nicht verweilen. Denn auch die erklärtesten Feinde des Katholicismus können als Historiker ihre Bewunderung dem Papstthume nicht versagen. Sie könnten sich sogar mit dem Papste versöhnen, wenn er nur auf seinen eigenthümlichen Anspruch, unfehlbarer Ausleger einer göttlichen Religion zu sein, verzichten wollte. Die Wirklichkeit lehrt uns aber,

---

[1] Siehe dieses und andere ähnliche Beispiele zusammengestellt bei Thomassin, Vetus et nova Ecclesiae disciplina. Mainz 1787. 6. Bd. S. 619 ff.

[2] Ebenso richtig als schön sagt Balmes: „Die Gegner der katholischen Kirche haben diese beiden Merkmale, die zu allen Zeiten, an allen Orten den Gedanken und Werken des Katholicismus eingeprägt sind, nicht begriffen: die Einheit und den fixen Pol; die Einheit im Glauben, den fixen Pol für das Leben. Der Katholicismus zeigt Ein Ziel und fordert, daß man dahin sich bewege, ohne abzuweichen . . . was die Charaktere fähig macht zu heldenmüthigen Handlungen, und daß sie ihre Umgebung zu Gleichem befähigen, das kommt daher, daß sie ein festes Ziel für sich und die Andern haben; daher, daß sie das Ziel klar sehen, daß sie es wollen mit Kraft, daß sie sich darauf hinrichten ohne Abweichung, mit einer festen Hoffnung, einem lebendigen Glauben, ohne sich, ohne den Andern irgend welche Schwankung zu gestatten." Le protestantisme comparé au catholicisme. Paris 1852. I. p. 340 sq.

daß das Papstthum Alles, was es Großes ist an der Spitze der Menschheit, eben durch jenen Anspruch, durch sein göttliches Recht, durch den Auftrag werden konnte, auf welchen sich Pius IX. beruft: Pasce agnos, pasce oves, weide meine Lämmer, weide meine Schafe! Der Papst ist der oberste Lehrer der Gläubigen; wenn er als Hirte seine Stimme erhebt, sind Alle, die ihn hören, unter der Gefahr des ewigen Heils verpflichtet, ihm zu folgen; denn da ihm Christus alle seine Schafe zur Hut anvertraut hat, wie die Väter erklären, so folgt daraus, daß, wer immer ihm nicht folgt als seinem Hirten, eben damit aufhört, zum Schafstalle Christi zu gehören. Um diese Bedeutung des Papstthums zu verstehen, ist es freilich nöthig, vor Allem von der Göttlichkeit der christlichen Religion überzeugt zu sein. Und sollte denn das einem historisch gebildeten, von der Leidenschaft nicht geblendeten Urtheile so unmöglich sein, heutzutage, wo so zahlreiche Hülfsmittel geboten sind, um sich über jene historischen Thatsachen, durch welche das Christenthum als eine göttliche Anstalt beglaubigt ist, aufzuklären und Gewißheit zu erlangen? Gibt denn nicht die menschliche Natur selber dem Christenthume das Zeugniß, daß es allein sie versteht mit seinem unerbittlichen Einstehen für alles Edle und Heilige inmitten einer dem allgemeinen sittlichen Verfalle und der Entwürdigung der Menschheit zustrebenden Welt? Wie viele, wie wunderbare, wie glänzende Beweise gibt es doch, um die Göttlichkeit der christlichen Religion auf's Deutlichste der Vernunft einleuchtend zu machen! „Dieser Glaube, ein Lehrmeister des Lebens, ein Wegweiser des Heils, ein Feind aller Laster, eine fruchtbare Quelle aller Tugenden, durch das wunderbare Leben Jesu Christi, seine Auferstehung, Weisheit, Wunder und Weissagungen bestätigt, durch den Glanz so vieler Wunder verherrlicht, durch die Standhaftigkeit so vieler Martyrer, so vieler Heiligen hellleuchtend, inmitten der Verfolgungen zunehmend und allmählich die wildesten Völker dem Joche Christi unterwerfend, Allen Frieden verkündend, beweist doch Jedem leicht, daß er ein Werk Gottes sei" [1].

24. Ist der erste Schritt gethan, so bleibt ein zweiter übrig, der allein dem ersten Unwiderruflichkeit und Sicherheit verleiht. Wir müssen uns dem Christenthum ergeben, welches besteht als Thatsache und wie es besteht, dem Christenthum, welches, sich selber treu, eine fortwährende Bezeugung seiner Göttlichkeit ist, nicht irgend welcher beliebigen, uns viel-

---

[1] Enc. Qui pluribus. Acta Pii IX. I. p. 8. sq.

leicht zusagenden menschlichen Auffassung vom Christenthum, welche sich, sei es auch mit glänzenden Erfolgen, für einige Zeit an die Stelle des bestehenden gesetzt hat. Dieses Christenthum ist aber jenes, dessen Bewahrung und unfehlbare Auslegung den Römischen Päpsten und dem ihnen geeinigten Lehrkörper der Kirche anvertraut ist. Hier ist der eigentliche Anstoß für Diejenigen, welche unter irgend welchem Vorwande von der katholischen Kirche sich ferne halten, auch das größte Hinderniß, die wahre Bedeutung des neuesten Rundschreibens zu verstehen. Eine nicht geringe Schwierigkeit besteht in den zahlreichen Vorurtheilen über die Lehre der katholischen Kirche in diesem Stücke; man glaubt, sie räume dem Papste, wie dem äußeren Organismus der Kirche überhaupt, eine Gewalt ein, wodurch Christus selber, das unsichtbare Haupt der Kirche, wenn nicht geradezu aus seiner Stelle gedrängt, so doch verdunkelt und beeinträchtigt werde. Dem Katholiken aber, der gehörig in diesem Stücke unterrichtet ist, erscheint das Papstthum vielmehr als eine Verherrlichung Christi, als ein lebendig fortzeugender Beweis der göttlichen Weisheit, welche die christliche Religion unter den Menschen eingeführt hat, als eine allezeit wahrnehmbare Bestätigung jener Verheißungen, die der Herr seiner Kirche gegeben hat. Um das Papstthum aber nach dieser seiner Bedeutung zu erkennen, wird es, auf die Gefahr hin, sehr bekannte und von den Lehrern der Kirche längst aufgehellte Wahrheiten wiederholen zu müssen, gerathen sein, stufenweise, von der Grundlage beginnend, vorzugehen. Wir sagen also:

25 a. **Christus selber hat die Kirche gestiftet.** Das heißt, er hat gewollt, daß seine Lehre und Heilmittel, sein „Weg", wie man zur apostolischen Zeit seine Religion genannt hat, einem gesellschaftlichen Körper anvertraut sei zur Vermittelung an die Menschen, so daß seinen Glauben annehmen zugleich in sich schloß, sich einer äußern Ordnung unterwerfen, die ihre Gewalt und Grundverfassung von Christus selber hatte. Die Thatsachen sprechen hierüber deutlich genug. Aus seinen Gläubigen wählt Christus die Apostel und die Jünger aus, sendet sie, ausgerüstet mit einer besondern Vollmacht, als seine Stellvertreter, und gibt ihnen, nachdem er ihnen Petrus zum Haupte gegeben, beim Abschiede den Auftrag, an seiner Statt die Völker zu lehren, zu taufen, mit Einem Worte sein Amt unter den Menschen fortzusetzen. Die Apostel handeln auch ganz in diesem Sinne, gründen Gemeinden, geben ihnen Gesetze, ordnen Vorsteher für den Dienst an und sorgen dafür, daß die gesellschaftliche Gewalt, deren Träger sie sind, inmitten der neuen, von Ju-

den und Heiden gesonderten Gesellschaft erhalten bleibe. So haben wir auch keinen Zeitpunkt im christlichen Alterthum, wo nicht diese Gewalt, und zwar als ein apostolisches Erbe, von Christus selber der Kirche gegeben, in dieser bestanden hätte und anerkannt gewesen wäre. Es fiel aber jenen Christen so wenig, als heute den Katholiken, ein, anzunehmen nach Art des jüdischen Pharisäismus, daß dieser **äußere Organismus der Kirche** mit seinen nothwendigen Satzungen das innere Leben aus dem Glauben, die geheimnißvolle Verbindung mit dem unsichtbaren Haupte, welches ist und bleibt Christus, ersetzen sollte. Es war vielmehr ein Mittel eben zu diesem Zwecke, die Verbindung mit Christus, das geistige Leben der Kirche zu sichern, und zwar ein von eben diesem himmlischen Haupte selbst vorgesehenes Mittel, das wir als seiner Weisheit ganz entsprechend anerkennen müssen, wenn wir es näher betrachten. Christus wollte durch seine Religion die Offenbarung des alten Bundes vollenden, die göttliche Erziehung, welche diese auf eine Nation beschränkt hatte, auf das ganze Menschengeschlecht ausdehnen. Nun hatte aber schon der alte Bund nicht bloß eine Lehre, eine Vorschrift, sondern auch eine Anstalt, welcher die Hut und Auslegung des Gesetzes anvertraut war; und diese Einrichtung bildete einen der vielen Vorzüge eben dieser von Gott geoffenbarten Religion. Es war nicht angemessen, diese Vollkommenheit dem neuen Bunde zu nehmen. Wie schon die Natur auf den höhern Stufen das Vollkommene der vorangegangenen bewahrt in neuer Form, so ist am mosaischen Gesetze durch Christus nur das Unvollkommene, Figürliche, Vorbereitende mit dem Eintritt des Vollkommenen beseitigt, der Schutz der Religion durch den äußeren Organismus aber in der höheren Form eines bleibenden apostolischen Lehrorgans, dem die höchste Gewalt in der Kirche übertragen sei, der Menschheit bewahrt worden. — Es waren auch in der That alle Beweggründe für den Gesetzgeber in verstärktem Maße vorhanden, welche im alten Bunde zur Einsetzung des mosaischen Priesterthums bewegen mußten: die Vorkehr gegen das Eindringen des heidnischen Verderbens in Lehre und Sitte, die würdige Feier des Gottesdienstes, die beständige Unterweisung und Erziehung im Gesetze. Denn mit der Ausdehnung der Offenbarung auf die Menschheit durch Zerbrechen der nationalen Form wuchsen jene Gefahren in's Ungemessene; es sind die Gefahren für die Einheit und Reinbewahrung des Glaubens und der Zucht, die denn auch aus der Berührung mit der moralischen und intellectuellen Fäulniß und der mächtigen Verbostheit des Götzendienstes, wie die Erfahrung lehrte, in

der That allenthalben hervorwuchsen. Die Geheimnisse der neuen Religion heischten eine noch würdevollere und ausschließlichere Vertretung, seine höhern Ansprüche an die geistige und sittliche Vervollkommnung noch mehr als der alte Bund eine genaue Unterweisung und disciplinäre Leitung. — Christus wollte die Menschen der übernatürlichen und ewigen Güter theilhaftig machen; konnte er die Einzelnen hierin sich selber überlassen, nachdem sie schon zur Erreichung der zeitlichen Güter von ihrer Natur an die gesellschaftliche Vereinigung gewiesen sind? — Christus wollte seine Anhänger zu aller Tugend und Vollkommenheit anleiten; es war also ganz angemessen, daß er ihnen durch die Gründung der Kirche einen Spielraum eröffnete, die geselligen Tugenden auf die vollkommenste Weise, durch einen heiligen Liebesbund für den Himmel, zu üben und von da in die übrigen Gesellschaftskreise überzutragen. — Christus bezeichnet es selber als seine Aufgabe, in dem durch Sünde, Irrthum und Selbstsucht zertheilten Geschlechte eine Alles umfassende Einheit herzustellen [1]; wie war das möglich ohne eigenen gesellschaftlichen Ansatz, ohne eine sichtbar organisirte Kirche?

26 b. **In dieser Kirche hat Christus die oberste Gewalt dem hl. Apostel Petrus übertragen.** Die oberste Gewalt in einer Gesellschaft, die ihren selbstständigen Zweck und die Mittel ihn zu erfüllen hat, schließt in sich die Befugniß, Alles das anzuordnen, was zur Erreichung des gemeinsamen Zieles nöthig ist; also die Verfügung über die nöthigen Mittel und die Verpflichtung der Mitglieder, den obersten Anordnungen Folge zu leisten. In welcher Weise nun die oberste Gewalt constituirt, welches ihre Träger, deren Rechte im Einzelnen seien, festzusetzen, hängt von dem Willen ab, welcher bei der Gründung maßgebend ist. In unserem Falle ist es der Wille Christi. Er hat für die Kirche die monarchische Form gewählt. Diese ist nicht eine im Laufe der Zeit entstandene, menschliche, sondern von Anfang an vorgesehene, göttliche Einrichtung. Hätten wir nicht die klaren Zeugnisse der hl. Schrift, gegen welche alle möglichen Einwendungen der Gegner des Primates Petri nicht aufzukommen vermögen: das lebendige Zeugniß der Geschichte, die bekannte Unmöglichkeit einen Zeitpunkt anzugeben, wo die geistliche Monarchie der Päpste eingeführt worden wäre, würde genügen. Aber die Geschichte ist hier auch durch die vorhandenen Zeugnisse aus der hl. Schrift und der Ueberlieferung der ältesten Zeit auf's Glän-

---

[1] Joh. 17, 21. 22.

zendste bestätigt. Weniger um dieses zu zeigen, als um an die eigenthümliche Bedeutung und Stellung des Primates in der Kirche, in den Grundmomenten, so weit es für unsern Zweck nöthig ist, zu erinnern, gehen wir auf die Quellen ein.

27. Die Aussprüche Christi, welche uns in diesen aufbewahrt sind, besagen unzweideutig, in ihrem natürlichen Wortverstande genommen, sowohl da, wo der Herr dem hl. Petrus eine Verheißung gibt über dessen Stellung in der Kirche, als da, wo er ihm diese überträgt, daß er Petrus, im Unterschiede von seinen Mitaposteln, zum obersten Haupte in seiner Kirche, zu seinem Statthalter, dem Gläubige wie Vorsteher untergeben sein sollten, eingesetzt hat. „Simon des Jonas Sohn, liebst Du mich mehr als diese?" fragt der Herr nach seiner Auferstehung den Apostel im Beisein der Uebrigen. Er fragt ihn dreimal, um ihn an seinen Fall zu erinnern. Dem also genau Unterschiedenen sagte er: Weide meine Lämmer, weide meine Schafe. Weide, d. h. leite, lehre, regiere; meine Lämmer, meine Schafe, d. h. Alle ohne Ausnahme, die mir gehören, die Gläubigen wie die Vorsteher. „Er hat ihn, wie der hl. Ambrosius erklärt [1], als Statthalter seiner Liebe uns auf Erden zurückgelassen, als er im Begriffe stand, sich in den Himmel zu erheben." Gewiß war aber diese Liebe eine die gesammte Kirche umfassende, die oberste Gewalt über sie einschließende. Könnte hier ein Zweifel bestehen, er würde gehoben durch jene Stelle, in welcher dem Apostel diese Würde in der Kirche verheißen wurde [2]. Auf die Frage des Herrn: für wen haltet aber Ihr mich? ergreift Petrus das Wort und spricht: Du bist Christus, der Sohn des lebendigen Gottes. „Es antwortete aber Jesus und sagte zu ihm: Selig bist Du, Simon, des Jonas Sohn; denn nicht Fleisch und Blut hat es Dir geoffenbart, sondern mein Vater, der im Himmel ist. Und ich sage Dir: daß Du bist Petrus und auf diesen Felsen werde ich meine Kirche bauen und die Pforten der Hölle werden sie nicht überwältigen. Und Dir werde ich die Schlüssel des Himmelreichs geben, und was Du binden wirst auf Erden, das wird auch im Himmel gebunden sein; und was Du lösen wirst auf Erden, das soll auch im Himmel gelöset sein." Hier haben wir in wenige Worte zusammengedrängt die ganze Verfassung des neuen messianischen Reiches, der Kirche. Warum sollten wir nicht bei der majestätischen Einfachheit dieser übernatürlichen Grundrechte einen Augenblick verweilen? Die Kirche ist das Haus, welches der Herr baut;

---

[1] Patrol. Lat. ed. Migne tom. XV. p. 1847. [2] Matth. 16, 15 ff.

also eine sichtbare Anstalt, Einrichtung, in welche die Gläubigen eintreten werden. Nicht Menschen, Christus selber baut sie, gibt ihr die Ordnung, welche er aus seiner ewigen Weisheit schöpft. Es ist seine Kirche bestimmt unterschieden von andern Gesellschaften, und ist Eine Kirche, nicht getheilt, gespalten; sie wird zwar ausgesetzt sein den Angriffen der Hölle und ihrer Pforten, aber siegreich beharren durch seinen Beistand bis an das Ende der Zeiten. In dieser Kirche, in welcher es nach seinem Willen Apostel und Apostelgehülfen neben der großen Masse der Gläubigen gibt, ist Petrus das, was das Fundament dem Hause, der Hausvater der Familie, der König dem Staate ist, d. h. Petrus ist das oberste Haupt der Kirche. Ohne Fundament stürzt das Haus zusammen, ohne oberste Gewalt fällt eine Gesellschaft, wie immer sie heißen mag, auseinander. Die Kirche ist eine Anstalt für das ewige Leben, Petrus ist also ihr Haupt, ihr Führer auf dem Wege zum Leben; auf ihm beruht, was die Kirche auf diesem Wege zusammenhält: die Einheit und Sicherheit der Lehre, die Zucht und Ordnung. Auch durch das zweite Gleichniß bestätigt der Herr diese Verheißung. Ihm, dem Petrus, des Jonas Sohn, welcher vor den Andern den Glauben an seine Gottheit bekannt hat, will er die Schlüssel des Himmelreichs geben. Die Schlüssel aber sind das Zeichen der obersten Gewalt. Dem Eroberer werden die Schlüssel der Stadt zum Zeichen der Unterwerfung überreicht [1]. Die Schlüssel gibt der Hausherr, der in die Ferne zieht, dem ersten Verwalter, um seine volle Gewalt über das Haus und seine Bewohner anzudeuten. Nehmen wir die letztere Bedeutung, so weist uns das Bild darauf hin, daß der Hausherr der Kirche allezeit Christus ist, Petrus nur sein Stellvertreter. Oder: Christus ist das erste, ursprüngliche, Petrus das abgeleitete Fundament, aber ein wahres Fundament, mit der obersten Gewalt zu binden und zu lösen, zu strafen und freizusprechen, zu verpflichten und auszunehmen, so ausgerüstet, daß alle seine Acte als Acte des himmlischen Hauptes selber Geltung haben werden. Auch die übrigen Apostel sind in ihrer Art Fundamente der Kirche, Mitbegründer der Kirche, ausgerüstet deßhalb mit einer Jurisdiction über die ganze Kirche; aber sie haben diese nur in Unterordnung unter Petrus als ihr Haupt, der die apostolische Gewalt in der Einheit besitzt, und in außerordentlicher Weise, für die Zeit der Gründung ertheilt; Petrus erhält seine Gewalt ordentlicher Weise, als das Funda-

---

[1] Vergl. Is. 22, 22. Offenb. Joh. 3, 7.

ment, welches bestehen wird, so lange es eine Kirche und Angriffe gegen die Kirche geben wird ¹.

28. Petrus ist also die oberste Gewalt in der Kirche in monarchischer Form verliehen. Durch ihn ist sie ganz sicher auch der Kirche, zu deren Nutzen sie gegeben ist, verliehen, aber nicht so wie Richter u. A., welche die Kirche verdammt hat, wollten, daß sie zuerst der Kirche und dann durch das Mittel von dieser dem ersten Diener der Kirche gegeben worden wäre. Vielmehr umgekehrt: zuerst das Fundament, dann die Kirche; von Oben ist Christus gekommen, von Oben sollte auch seine Gewalt in der Kirche stammen. Die Kirche ist eine wahre Monarchie. Aber ihre Grundverfassung ist nicht von Petrus, sondern von Christus; Petrus hat nur die Rechte, welche das unsichtbare Haupt seinem Stellvertreter zu geben für gut fand. Petrus lehrt, Petrus tauft, aber die Gnade, die innerlich wirkt, gebunden an diese äußern Mittel, kommt von Gott. Auch steht es hiemit in gutem Einklange, zu sagen, dem Glauben Petri an die Gottheit Christi ist die oberste Gewalt verliehen worden, wenn man nur nicht vergißt, daß es eine wirkliche Gewalt ist, die eine Person als Träger fordert, eine Person, die für ihren Glauben belohnt wird, um zugleich anzudeuten, was die höchste Aufgabe dieser Gewalt sein wird, nämlich für den Glauben an die Gottheit Christi inmitten der Menschheit Zeugniß zu geben, diesen Glauben, von welchem alles wirkliche übernatürliche Leben in ihr gegründet und erhalten wird ². Sehr schön, und zugleich in bester Widerlegung Derjenigen, welche diese Wahrheit zur Untergrabung des Primates mißbrauchen zu können wähnten, hat der hl. Chrysostomus die erhabene Bedeutung des Primates Petri aus Matth. 16, 15 ff. entwickelt. Mit dem gesammten christlichen Alterthum, von welchem Zeugnisse anführen Wasser in's Meer tragen hieße, hält dieser große Erzbischof von Byzanz am Primate Petri fest; dem Apostel Petrus wird an genannter Stelle, lehrt er, der ganze Erdkreis übergeben, er wird zum Hirten der gesammten Kirche bestellt, es wird ihm hiefür eine Gewalt übertragen, welche stärker ist als Himmel und Erde, da diese vergehen werden, jene aber nicht, ja welche keine andere ist, als die Fülle der himmlischen Gewalt selber ³. Hieran knüpft der erleuch=

---

[1] P. Suarez, De triplici virtute theologica. Disp. X. de summo Pontifice. S. I. u. 12.
[2] Vergl. 1 Joh. 5, 5.
[3] In Matthaeum Homil. 54 al. 55. Ed. Migne. Patrol. Gr. tom. 58. p. 533 sqq.

tete Kirchenlehrer eben jenen Gedanken, welcher gleichsam den Schlußstein des Primates bildet und uns den letzten Aufschluß über die Größe Petri gibt. Die Gewalt Petri ist nämlich dem hl. Chrysostomus der klarste Beweis für die Gottheit Jesu Christi. Nur der Sohn Gottes, ist seine Beweisführung, konnte eine solche, allen Angriffen der Hölle gewachsene, jede menschliche überragende, den ganzen Erdkreis umfassende Gewalt einem Sterblichen verleihen. Petrus hatte zuerst das Bekenntniß ausgesprochen: Du bist Christus, der Sohn des lebendigen Gottes. Jesus bestätigt zunächst dieses Bekenntniß als eine göttliche Offenbarung, er krönt es zugleich durch eine seiner göttlichen, dem Vater gleichen Gewalt entsprechende That, welche Petrus zum Träger jener Gewalt macht, die er selber als der Abglanz des Vaters besaß. „Siehst du, wie er sich selber offenbart und durch diese beiden Verheißungen (vom Felsen und von den Schlüsseln) zeigt, daß er der Sohn Gottes ist? Denn was Gott allein eigen ist, Sünden zu vergeben, die Kirche inmitten eines solchen Andranges der Wogen unbeweglich zu machen und einem Fischer, der Auflehnung des gesammten Erdkreises gegenüber, größere Festigkeit zu verleihen, als sie irgend ein Fels besitzt, das verheißt er zu gewähren.... Gerne möchte ich Jene, welche die Würde des Sohnes vermindert wissen wollen, fragen, welche Gaben größer sind, diejenigen, welche der Vater dem Petrus verliehen, oder die der Sohn geschenkt hat? Jener gab dem Petrus die Offenbarung über den Sohn; der Sohn aber, die Erkenntniß des Vaters und seiner, des Sohnes, über den gesammten Erdkreis zu verbreiten, indem er ihm, einem sterblichen Menschen, die Gewalt über Alles im Himmel übertrug und ihm die Schlüssel gab, der die Kirche über den ganzen Erdkreis ausdehnte und sie stärker machte, als den Himmel."

29. Eine Folgerung nun aus dieser Bedeutung des Primates ergibt sich schon aus dem Angeführten mit Leichtigkeit von selber. Besitzt die Kirche Einheit und Festigkeit in dem, worin sie von den Pforten der Hölle bedroht wird, durch ihr Fundament, ihr Haupt, so muß dieses die unfehlbare Auslegung der Glaubenswahrheit als ordentliches Prärogativ besitzen. Denn nicht überwunden werden von den Pforten der Hölle heißt, nicht abgebracht werden von dem Wege des Heils; die Kirche würde aber abgebracht, wenn sie irren könnte in dem, was sie zu glauben vorschreibt. Sie kann also nach der Verheißung Christi nicht irren; und da sie dieses Prärogativ besitzt durch ihr Haupt, so kann nach eben dieser Verheißung das Haupt nicht irren. Das heißt mit andern Wor=

ten: Jener Beistand des göttlichen Geistes, welcher der Kirche von Christus verheißen ist, um sie in alle Wahrheit einzuführen, ist, und zwar zuerst dem hl. Petrus verheißen. Zur Bestätigung hiefür haben wir eine ausdrückliche Verheißung in der hl. Schrift uns aufbewahrt, welche uns über dieses Prärogativ Petri vergewissert, oder die Unfehlbarkeit in der Auslegung der ihm anvertrauten Lehre als eine Gabe, womit ihn das unsichtbare Haupt der Kirche auszurüsten beschloß, vor Augen stellt. Zunächst haben wir, wie die katholischen Lehrer hervorheben, schon in dem, daß Petrus der ganzen Heerde als Hirte vorangehen und sie als solcher weiden, d. h. lehren und regieren soll, seine Unfehlbarkeit im Lehramte deutlich ausgesprochen. Nicht die Schafe weisen dem Hirten den Weg, sondern der Hirte den Schafen, und wenn in der Kirche Christi ohne allen Zweifel Unfehlbarkeit der Lehre ist, so muß sie zuerst in ihrem Hirten sein, dem sie zu folgen verpflichtet ist. Aber ausdrücklich sehen wir sie verheißen in jenen Worten des Herrn: „Simon, Simon, siehe, Satan hat euch begehrt, um euch sieben zu dürfen wie den Weizen; ich aber habe für dich gebeten, daß dein Glaube nicht gebreche, und wenn du einst bekehrt bist, bestärke deine Brüder [1]." Die Apostel hatten in fleischlicher Weise und die verheißene Anordnung Christi noch nicht fassend, über den Vorrang gestritten; der Herr aber wies sie zurecht, ihren fleischlichen Ehrgeiz strafend; in seinem Reiche werde die Gewalt nicht bestehen, um der Herrschsucht zu dienen, wie bei den heidnischen Königen, sie werde verliehen werden zum Besten der Untergebenen, und sein Wille sei, daß sie also, im Geiste der Liebe, auch geübt werde. „Die Könige der Heiden herrschen über sie, und welche die Gewalt haben, werden Gnädige genannt. Ihr aber nicht so: sondern wer größer ist unter euch, werde wie der Mindere, und wer den Vorrang hat, wie der Diener [2]." Der Herr sagt nicht: Keiner wird größer sein, sondern: wer größer ist unter euch. Noch mehr: er stellt ihnen als Beispiel sich selber vor. Er war gewiß größer als sie, hatte einen Vorrang vor ihnen, war wahrhaftig ein König, ein Herrscher; aber er übte seine Gewalt in demüthiger Liebe. Seine Worte schließen also den Sinn aus, den ihnen namentlich im 16. Jahrhundert die Wiedertäufer gegeben haben, als habe der Herr hier bestritten, daß eine oberste Gewalt in seiner Kirche sei. Es konnte nun aber, wie Bossuet bemerkt, diese Art der Zurechtweisung einen Zweifel bei Denen zurück-

---

[1] Luc. 22, 30. 31. [2] Luc. 22, 25. 26.

lassen, die seine Worte nicht sattsam erwogen, „als sei kein Primat hinterlassen und jener abgemindert, welchen er dem Petrus übergeben wollte; daher spricht er an dieser Stelle (30. 31) sie also an, daß er das Gegentheil vollkommen deutlich zeigt. Satan, sagt er, hat euch begehrt, um euch Alle zu sieben; ich aber, Petrus, habe für dich gebetet, für dich im Besondern, für dich im Unterschiede von den Andern, nicht daß er diese zurückgesetzt hätte, sondern, wie die Väter erklären, **weil er durch die Befestigung des Hauptes bewirken wollte, daß die Glieder nicht wanken.**" Mit andern Worten, den Aposteln ist Sicherheit im Glauben durch das hohepriesterliche, allezeit erhörte Gebet Christi verheißen mittelst der Sicherheit Petri, des Hauptes. „Wer kann also zweifeln", ruft Bossuet aus, „daß der hl. Petrus kraft jenes Gebetes einen beständigen, unüberwindlichen, unerschütterlichen und so reichlichen Glauben empfangen habe, daß er ausreichte, nicht allein die Gläubigen, sondern auch seine Brüder, die Apostel und die Hirten der Heerde durch Verhinderung, daß sie vom Satan gesiebt würden, zu bestärken?" [1]

30. Fassen wir das bisher Gesagte in wenige Sätze zusammen, bevor wir weiter gehen. Christus hat mit seiner Kirche eine oberste, sein Amt stellvertretende, geistliche Gewalt unter den Gläubigen eingesetzt. Dieser Gewalt hat er eine monarchische Form gegeben, er hat sie in ihrer Fülle und Einheit dem hl. Apostel Petrus übertragen. Diese Gewalt enthielt die Vollmacht, alle Mittel zu dem Zwecke zu wählen, daß seine göttliche Heilsanstalt unter den Menschen erhalten bleibe. Sie wurde namentlich ausgerüstet mit dem Vorzug der Unfehlbarkeit, so daß Petrus in Ausübung seines obersten Lehramtes die ihm untergebene Kirche nicht auf die Wege des Irrthums führen konnte. Ist nun diese erhabene Gewalt in der Kirche mit Petrus erloschen? oder der Kirche verblieben? Die Vernunft gleich sehr wie das Zeugniß des gesammten Alterthums entscheidet sich für das Zweite.

31 c. **Petrus lebt in den Römischen Päpsten fort.** Jene oberste Gewalt sollte das Fundament der Kirche sein, diese aber bestehen bis zum Ende der Zeiten; also mußte auch Petrus in der Kirche bleiben. Er blieb aber nicht physisch, also moralisch, d. h. nach dem allgemeinen Gesetze der Vererbung hierarchischer Gewalt, in seinen Nachfolgern auf dem Stuhle, in dessen Besitz Petrus von hinnen geschieden ist, d. h. auf dem Stuhle zu Rom, in den Römischen Päpsten. Die Römischen

---

[1] Ed. Migne. III. p. 347 sq.

Päpste sind also die rechtmäßigen Träger der obersten Gewalt in der Kirche. In dem hl. Irenäus, dem Martyrer-Bischofe von Lyon, am Schlusse des 2. Jahrhunderts, ruft das christliche Alterthum aus: „Es ist nothwendig, daß mit dieser Kirche, jener größten, uralten, Allen bekannten, von den herrlichen Aposteln Petrus und Paulus gegründeten und geordneten Kirche zu Rom, um ihres mächtigeren Vorranges willen jede Kirche, d. h. die über den Erdkreis zerstreuten Gläubigen, übereinstimmen; in ihr auch hat sich die von den Aposteln stammende Ueberlieferung von den Gläubigen des Erdkreises erhalten [1]." „Petrus lebt allezeit und richtet in seinen Nachfolgern", sprechen die Väter des allgemeinen Concils von Ephesus [2]; „Petrus spricht durch den Papst Leo", die von Chalcedon [3]; „in der Römischen Kirche", sagt der hl. Augustin, „hat allezeit der Vorrang des apostolischen Stuhles gelebt [4]." Die Römische Kirche wird eben daher Lehrerin, Haupt, Mutter aller Kirchen von den Vätern und Concilien genannt und ihr die gleiche Gewalt mit Petrus beigelegt [5]. Diese Stimmen einmüthigen Glaubens zusammenfassend, erklärt das Concil von Florenz, auf welchem das Morgenland und Abendland vertreten waren, am Schlusse des Mittelalters: „Im Namen der hochheiligen Dreifaltigkeit, damit Alle die Wahrheit glauben, annehmen und bekennen, setzen wir fest, daß der apostolische Stuhl und der Römische Papst über den ganzen Erdkreis den Primat innehabe, und daß der Römische Papst selber sei der Nachfolger des seligen Petrus, des Fürsten der Apostel, und der Statthalter Christi und das Haupt der ganzen Kirche und der Vater und Lehrer aller Christgläubigen; und daß ihm in dem seligen Petrus die Vollgewalt, die gesammte Kirche zu weiden, zu lenken und zu regieren von unserem Herrn Jesus Christus übertragen worden sei, wie das auch in den Verhandlungen der allgemeinen Concilien und in den heiligen Canonen enthalten ist." Und wenn in den letztverflossenen Jahrhunderten, in den Zeiten vor der Revolution, die gallikanische Kirche einigermaßen zurückhielt mit der vollen Anerkennung dieser höchsten unfehlbaren Lehrautorität und Fülle der Gewalt im Papste, so dürfte nunmehr nach dieser Seite hin von katholischen Gelehrten ein Widerspruch kaum mehr zu erwarten sein, und ist heute der Zuruf der zahlreichen katholischen Bischöfe, die im Juni 1862

---

[1] Irenaeus adversus haeres. l. III. cp. 3.
[2] Act. 3. [3] Act. 3.
[4] Opp. ed. Maur. II. p. 91. Epist. 43. al. 162.
[5] Canus, De locis theol. VI. cp. 4. 5.

ſich um den hl. Stuhl ſchaarten, als das allgemeine Bekenntniß der Katholiken anzuſehen: „Du biſt für uns der Meiſter der geſunden Lehre, Du der Mittelpunkt der Einheit, Du des Volkes nicht verſiegende Leuchte, von der göttlichen Weisheit zubereitet. Du biſt der Fels und das Fundament der Kirche ſelber, gegen welches die Pforten der Hölle nichts vermögen werden. Wenn Du ſprichſt, hören wir Petrus, wenn Du entſcheideſt, gehorchen wir Chriſtus [1]."

32 d. **Das Urtheil des Römiſchen Papſtes, wenn er vom Stuhle Petri aus ſpricht, iſt unfehlbar.** Vom Stuhle Petri aus, ex cathedra Petri, ſpricht der Papſt nach der Lehre der Theologen, ſo oft er in ſeiner amtlichen Stellung als oberſter Lehrer der Kirche die Gläubigen zur Annahme einer von ihm ausgeſprochenen Wahrheit ſtrenge verpflichtet. Der Satz folgt aus dem bisher Entwickelten von ſelber. Petrus, der unfehlbar iſt als Haupt der Kirche, lebt als ſolches fort in den Römiſchen Päpſten, alſo ſind ſie unfehlbar. Iſt die Lehre auch nicht in dieſen Ausdrücken von der Kirche erklärt, ſo iſt ſie es doch durch ihre Praxis von Alters her. Denn wenn die Päpſte eine Entſcheidung in Glaubensſachen getroffen haben, ſo ſtand ſie feſt und galt als ein endgültiges Urtheil der lehrenden Kirche; wen ſie als Irrlehrer erklärten, der war ein ſolcher. — Wir haben von den erſten Zeiten an viele Beiſpiele, daß der Papſt in Glaubensentſcheidungen nicht für nöthig gefunden hat, Concilien um ſich zu verſammeln; das letzte dieſer Art bildet die Entſcheidung über die Unbefleckte Empfängniß der jungfräulichen Gottesgebärerin. — Der Papſt legt ſich Unfehlbarkeit bei, darüber iſt kein Zweifel [2]. Alſo beſitzt er ſie auch, müſſen wir beifügen. Denn wenn er ſie nicht beſäße, würde die Kirche, die verpflichtet iſt, ihm zu gehorchen, in dieſer Sache auf Abwege geführt, was mit der göttlichen Verheißung, daß Chriſtus bei ihr bleiben werde bis zum Ende der Zeiten, nicht vereinbar iſt. Dieß erhellt auch auf folgende Weiſe. Wäre der Papſt nicht unfehlbar, ſo könnte der Fall eintreten, daß die Kirche in die Gefahr geriethe, entweder ſchismatiſch oder häre-

---

[1] Declaratio Episcoporum Romae, hac die 8 mensis Junii 1862. Im Recueil des Allocutions Consistoriales etc. S. 529.

[2] Die Theſe des Petrus von Osma: die Römiſche Kirche kann irren, iſt von Sixtus IV. 1479, die Lehre der Janſeniſten gegen die Infallibilität des Papſtes von Alexander VIII., von eben demſelben ſowie von Pius VI. ſind die gallicaniſchen Artikel verworfen. S. Enchiridion Symbolorum et Definitionum. Ed. Henricus Denzinger. Wirceburgi. Stahel. 1865. p. 218. 345. 347. 421.

tisch zu werden. Ist er nämlich nicht unfehlbar, so kann das, was er als Glaubenswahrheit aufstellt, ein Irrthum sein, die Kirche aber, wenn sie pflichtmäßig folgt, in eine Häresie geführt werden; oder aber, falls sie sich dessen erwehren will, durch ihr Sicherheben über den Papst in's Schisma verfallen. In beiden Fällen hörte sie auf, die wahre Kirche Christi zu sein. — Auch ließe sich das Gegentheil mit den Ausdrücken der hl. Schrift und der Concilien, namentlich des von Florenz, über den Primat nicht wohl vereinigen. — Wenn von einzelnen Seiten Widerspruch erhoben wurde, ist die Kirche darüber weggeschritten. Als die gallikanische Kirche mit einer gewissen widerspruchsvollen Halbheit sich der vollen Anerkennung dieser Wahrheit widersetzte, stand sie vereinzelt da; der Papst und mit ihr der weitaus größere Theil der Kirche hat ihre Artikel verworfen [1].

33. Wir müßten auch sagen, Christus der Herr hätte nicht hinlänglich dafür gesorgt, daß der Zweck des unfehlbaren Lehramtes in der Kirche, die Einheit im Glauben sicher zu stellen, vollkommen erreicht werde, wenn er nicht das Oberhaupt mit jenem Vorzug so ausgerüstet hätte, daß seine Lehrentscheidungen auch ohne Concil unfehlbar seien. Denn oft ist es unmöglich, wie die Kirchengeschichte beweist, ein Concil zu berufen, es wäre also inzwischen die Kirche ohne unfehlbares Lehramt; wenn Spaltungen in der Lehre entstehen, wäre keine Behörde da, welche die Gläubigen vor der Gefahr, den Glauben zu verlieren, die Kirche aber, der Wahrheit beraubt zu werden, sicherte. — Endlich geht die Ansicht der Gegner von einer falschen Auffassung der Kirche und ihres Verhältnisses zum Papste aus, während die vorgetragene Lehre der Kirche nicht allein zum Papste, sondern auch zu ihrem unsichtbaren Haupte die allein richtige und befriedigende Stellung anweist. Die Gegner denken sich den Papst, das Haupt, auf der einen, die Kirche, den Episcopat, auf der andern Seite. Damit der Papst unfehlbar sei, sagen sie, muß das Urtheil der Kirche zu dem seinigen hinzukommen. Aber wer sagt ihnen denn, daß es eine Kirche neben dem Papst gebe? Ubi Petrus, ibi Ecclesia, wo Petrus, da ist die Kirche; Christus hat ihn als das Haupt der Kirche gesetzt, also ist er — natürlich einen rechtmäßigen Papst allein meinen wir — allezeit mit der Kirche vereinigt, und wenn er

---

[1] Man sehe hierüber u. A. das Schreiben des Papstes Benedict XIV. bei Billuart. In 2. 2. S. Thomae. tom. I. D. 4. a. 5. Leod. 1751. p. 401: „Excepta Gallia ubique recepta." Schreiben vom 13. Juli 1748.

vom Stuhle Petri aus spricht, spricht er als Mund der Kirche. Die Lehre der Gegner konnte nur in jenen traurigen Zeiten aufkommen, wo der Ehrgeiz dem rechtmäßigen Papste Gegenpäpste entgegenstellte, das christliche Alterthum und das Mittelalter in seinen größten Lehrern [1] hat an der Unfehlbarkeit in der Uebung und in der Lehre festgehalten. — Aber auch der Stellung der Kirche zu ihrem unsichtbaren Haupte entspricht die Unfehlbarkeit des Papstes mehr. Christus will bei seiner Kirche durch seinen unsichtbaren göttlichen Einfluß bleiben bis zum Ende der Zeiten. Wir wissen, daß von ihm mittelst der hl. Sacramente und auf andere unmittelbare Weise jene göttliche Lebenskraft, welche die Glieder auf's Innigste mit ihm vereinigt, fortwährend in diese überströmt. Wie die Seele dem Leibe, so ist er ihr verbunden, und zwar beständig verbunden. Und seine Leitung in der Erkenntniß sollten wir uns unterbrochen, sich zurückziehend denken in jenen stürmischen Zeiten, wo das Schifflein Petri unter den Wellen zu versinken droht? und sein Statthalter sollte sich in seinem Vertrauen auf den göttlichen Beistand, der der Kirche verheißen ist, täuschen, wenn er, von demselben beseelt, die Stimme erhebt, um den Irrthum zu richten und die Angriffe der Hölle auf die Einheit des Glaubens zu nichte zu machen? Nimmermehr! je fester der Glaube Petri, desto größer ist sicher das Wohlgefallen des Herrn an ihm, desto mehr ist er ein Abdruck jenes ersten himmlischen Felsen, auf welchen die Kirche und ihre Wahrheit gegründet ist. — Deßhalb ist uns der Papst mit seinem Rundschreiben die beste Antwort auf die Frechheit der Christusläugner geworden; indem er die Zeit richtet im Hinblick auf Den, welcher zu ihm gesagt: Du bist Petrus, und auf diesen Felsen will ich meine Kirche bauen, und die Pforten der Hölle sollen sie nicht überwältigen, bekennt er seinen Glauben laut vor aller Welt: Du bist Christus, der Sohn des lebendigen Gottes. Uns aber ruft er auf, uns diesem Bekenntnisse anzuschließen, indem er uns anweist, seinem Urtheile innerlich und äußerlich, durch Herz und Mund, beizustimmen. Wer will zurückbleiben?

---

[1] Hiezu genügt es hier, an die Einfachheit und Klarheit, womit der Fürst der Schule, der hl. Thomas von Aquin, dem hl. Stuhle die endgültige Entscheidung in der Festsetzung der Glaubenssymbole vindicirt (II. 2. q. 1. a. 10. vergl. q. 11. a. 2. ad tert.) zu erinnern.

4. Die Opportunität, eine Zwischenfrage.

34. Der Zweifel: ob Papst Pius IX., sein Recht und die Wahrheit seines Ausspruches in Ehren! gut gethan habe, eben jetzt von diesem Rechte Gebrauch zu machen, diese Wahrheiten auszusprechen, ist eigentlich schon vom hl. Apostel Paulus gelöst: „Predige das Wort, halt' an damit, **ob gelegen oder ungelegen** (opportune, importune), überweise, bitte, strafe in aller Geduld und Lehrweisheit. Denn es wird eine Zeit kommen, da sie die gesunde Lehre nicht ertragen, sondern nach ihren Gelüsten sich Lehrer über Lehrer nehmen werden, welche die Ohren kitzeln, und von der Wahrheit werden sie das Gehör abwenden, zu den Fabeln aber sich hinwenden"[1]. Ganz die Lage von Pius IX.! Die Welt ist heute krank, wie ehedem. Das Heilmittel muß auch heute geartet sein wie ehedem: belehren, beschwören, strafen, mit Langmuth und ausgerüstet mit der Arznei der gesunden Lehre. Und zwar ob gelegen oder ungelegen. Wer wird auch einen Kranken, namentlich wenn sein Eigensinn einen Theil der Krankheit ausmacht, noch fragen, ob es ihm gelegen sei, geheilt zu werden? Die apostolische Liebe geht andere Wege. Man erzählt hierüber eine bezeichnende Anekdote[2]. „Sehen Sie," sagte der Papst, als die Rede auf die Encyclica und den Sturm geführt wurde, den sie im Heerlager der Ungläubigen und bei den Lauen erregte, „ich bin von Gott als Arzt der Menschheit aufgestellt. Ich sehe, wie diese sog. moderne Gesellschaft, obwohl mit schönen und guten Eigenschaften begabt, doch zugleich durch einen Krebs angefressen ist, und ich gebrauche nun für diesen Krebs das Eisen der Encyclica. Niemand liebt mehr als ich die wahre Bildung und die wahre Freiheit, aber um keinen Preis will ich eine Barbarei, die sich mit einer falschen Bildung umhüllt, noch eine Tyrannei, welche sich unter einer falschen Freiheit verbirgt. Was ich verdamme, ist nichts Anderes, als die Barbarei und Willkürherrschaft, die dazu angethan sind, die Bildung und Freiheit zu ersticken. Die Schreckensherrschaft z. B. in Frankreich, war das nicht eine buchstäbliche Anwendung der Lehren, die ich verdamme? Hat es je etwas mehr Barbarisches und Gewaltthätigeres gegeben, als den Schrecken?" Pius IX. kann so sprechen, denn er ist der rechtmäßige

---

[1] 2 Tim. 4, 2—4.
[2] Der wohlunterrichtete römische Correspondent des Monde in der Nummer vom 16. Januar 1865. Edit. **semiquot.**

Nachfolger jenes Apostels, zu dem der Auferstandene gesagt: Weide meine Lämmer, weide meine Schafe! Er ist in Wahrheit der Arzt der Menschheit. Pius IX. ist hiezu von der Vorsehung auf eine Höhe gestellt, daß er besser als jeder Andere die Lage und die Bedürfnisse der Christenheit, sowie die Leiden seiner Zeit beurtheilen kann. Welcher Gelehrte, welcher Diplomat, welcher Monarch, ja überhaupt welcher Mensch kann hierin sein Urtheil dem seinigen gleichstellen? Jener Zweifel schließt deßhalb eine gewisse Unbescheidenheit, ja selbst Undankbarkeit in sich. Ganz anders faßt der gläubige Christ den apostolischen Mahnruf des obersten Hirten! Der greise Erzbischof von Freiburg, Hermann von Vicari, dieser ehrwürdige Bekenner der katholischen Wahrheit, möge uns ein Beispiel hiefür sein. „Vernehmen wir in kindlicher Demuth," sagt er in seinem Begleitungsworte zum Rundschreiben des Papstes [1], „die lehrende, warnende, auf den Weg der Wahrheit, Gerechtigkeit und des Heils, und zu den Uebungen des Gebets und der Buße rufende Vaterstimme des erhabenen Dulders auf dem apostolischen Stuhle! Legen wir als gehorsame Kinder der heiligen Kirche die Waffenrüstung Gottes an, daß wir bestehen können gegen die Nachstellungen des in den Kindern dieser Welt so mächtigen Geistes der Lüge, welcher unter dem Vorwand der Freiheit, Bildung, Civilisation, des Fortschritts u. s. w. die Menschen aus dem Lichte des Glaubens, der Freiheit der Kinder Gottes, dem Frieden des Reiches Christi in die Finsterniß, Knechtschaft und Trostlosigkeit eines modernen Heidenthums zu führen sich bestrebt. Zu dem tiefsten Danke sind wir dem hl. Vater verpflichtet, daß Allerhöchstderselbe vom Beginne des Pontificates an die in gegenwärtiger Zeit auf den verschiedensten Gebieten auftauchenden Irrthümer bezeichnet und verurtheilt hat."

35. In der That ist das oberste Hirtenwort Pius' IX., das den Weg in der immer mehr zunehmenden Dunkelheit und Verwirrung zeigt, eine der größten Wohlthaten, welche die Vorsehung der Gegenwart erwiesen hat. Und zwar nicht allein den Gläubigen, denen das ewige Heil allezeit die erste und wichtigste Angelegenheit bleibt; sondern überhaupt Allen, die noch Etwas zu verlieren haben und in der Revolution den Weg zum Verderben erkennen. Denn das Rundschreiben enthüllt nicht allein den Abgrund, an dessen Rand die menschliche Bildung, die auf

---

[1] Anzeigeblatt für die Erzdiöcese Freiburg vom 19. Januar 1865.

das Recht und die Ordnung gegründete Freiheit, angelangt ist, sondern es errichtet zugleich eine moralische Schutzwehr für diese Güter und zertheilt den thatsächlich bestehenden Angriff auf die Pfeiler der öffentlichen Ordnung. Unklare Katholiken, welche die Lehren der Revolution mit den Grundsätzen ihres Glaubens vereinen zu können wähnten, werden aus dieser falschen Stellung herausgetrieben. Die Freiheit, welche identisch ist mit dem Sinne für das Gesetz, ist nimmer für sie zusammenfließend mit jener Freiheit, welche das Menschenrecht auf die gegerbte Haut des Nächsten schrieb. Ein liberaler Katholik ist fortan ein Unding, weil der Liberalismus sich selber als Gegensatz zur Partei der Klerikalen, d. h. als Gegner des Christenthums, als Verbündeter der geheimen Secten, als Anbeter der Revolution, als Läugner des göttlichen Rechtes über den Menschen gestempelt hat und als das durch das Urtheil des Papstes unwiderruflich gerichtet ist. Die Blätter, welche bisher mittelst „gutgesinnter Katholiken" die Kirche angriffen; despotische Kanzleien oder Kammermajoritäten, welche aufgeklärte Werkzeuge für ihre Practiken fanden, sind vielleicht fortan in einiger Verlegenheit; allein wer gibt nicht zu, daß diese Verlegenheit für die Sache des Rechtes der Kirche, ja für das öffentliche Wohl selber ein großer Fortschritt ist? Denn zweideutige, mit dem Gewissen spielende Katholiken bieten keine wirkliche verläßliche Stütze in Zeiten, welche fortwährend von revolutionären Erschütterungen bedroht sind. Daher bleibt es immer die höchste Staatsweisheit, die Treue der Unterthanen gegen die Kirche zu schützen, da sie die stärksten Beweggründe zur gewissenhaften Erfüllung der bürgerlichen Pflichten enthält. Hätte also überhaupt die Encyclica des Papstes nur das eine Verdienst, daß sie die Stellungen klärt, das Unvereinbare sondert und scheidet, so wäre ihr Erscheinen zur jetzigen Zeit hinlänglich gerechtfertigt. Denn bei solcher trüben Mischung dessen, was sich ausschließt, welcher in der Regel eine gleich beklagenswerthe Entzweiung solcher Elemente, die ihrer Natur nach zusammenstehen müssen, zur Seite geht, zieht einzig das Böse, die sociale Auflösung, Vortheil. Und hier ist es nun wahrhaft erhebend, wie wirksam schon bisher die Erörterung des päpstlichen Rundschreibens für die Scheidung der Elemente, wie vielverheißend für eine gesündere Ordnung es geworden ist. Einmal haben sich die mächtigsten Factoren der Gesellschaft, Regierungen und Parteien, angeregt gefühlt, ihre Erklärungen abzugeben.

36. Während man in Frankreich vorerst dabei bleibt, jene Unabhängig-

keit der Politik von den Grundsätzen der Kirche [1] nicht aufgeben zu wollen, von welcher Ludwig der Heilige nichts gewußt hat, welche aber wohl von Zeit zu Zeit die bedauerlichsten Conflicte zwischen beiden Gewalten und, als sie in volle Blüthe schoß, die zeitweilige und partielle Vernichtung der Kirche zur Frucht hatte; welche heute endlich an den organischen Artikeln gegen das Concordat festhalten lehrt und den abhängigen Journalisten eine Freiheit gewährt, die den unabhängigen Bischöfen, soweit sie das sind, verweigert bleibt: haben Italien und in weitergehenden Schwingungen Spanien und Portugal sich zu ähnlichen Grundsätzen bekannt, aber darauf verzichtet, sie in Anwendung zu bringen, während die Staaten des Deutschen Bundes die Linie ihrer vertragsmäßigen Stellung zur Kirche mit rühmlicher Festigkeit eingehalten haben. In England hat der Spott der übermüthigen Liberalen bald in eine nur mühsam verhehlte Anerkennung für die muthige Haltung des katholischen Episcopates sich verwandelt. Die Liberalen sind dort zu praktisch, haben zu reelle Interessen zu schützen, als daß sie sich den Consequenzen ihres politischen Princips rückhaltslos überantworten könnten. Diese heißen in England Sturz der Aristokratie, sociale Revolution, Eroberung des öffentlichen Geistes für demokratische Institutionen [2], und dafür haben wenig Engländer Sinn. So haben es also ihre liberalen Parteiorgane sehr löblich gefunden, daß die Kirche den Eingriffen der Politik in ihr Gebiet und ihre Rechte ein: bis hieher und nicht weiter! zugerufen hat. Noch mehr: man hat es als räthlich erachtet, wenigstens den Schein zu erregen, als ob man an Concessionen für Irland denke, weil der Liberalismus selber fühlt, daß ihn die Lage dieses Landes durch einen gar zu grellen Contrast mit seinen Versprechungen Lügen strafe [3]. Worauf wir aber mehr Werth legen, das ist die Regung von Altengland, das sowohl vereinzelt in der Times, als in dem hochkirchlichen John Bull für den Papst Partei ergriff. Hier waren die Freunde des Papstes wohl am wenigsten zu suchen, und doch wird sogar der rechte Punkt getroffen, wenn das letztgenannte Blatt anerkennt: „wir brauchen einen solchen Prediger zur Rüge unserer Weltlichkeit, zur Rei-

---

[1] Zu vergleichen den Bericht im Staatsrathe über den Appel comme d'abus gegen den Bischof von Moulins und den Cardinalerzbischof von Besançon, den Herr J. Langlais in der Sitzung vom 6. Febr. 1865 erstattete. Monde 1865 Nr. 21.
[2] Vergl. Monde 1865 Nr. 1. Nach ihm sucht umgekehrt Frankreich aus der demokratischen Centralisation, die auf alle Gebiete drückt, sich herauszuarbeiten.
[3] Vergl. A. A. Z. 1865 Nr. 28. 29.

nigung unseres die Seelen abnutzenden Alltagslebens." Noch gebe es Engländer, die in der sklavischen Knechtschaft der englischen Presse noch nicht ganz untergegangen seien [1].

37. Was aber beim Engländer die Versunkenheit in die materiellen Interessen, das ist beim nordischen Deutschen das Grübeln, das sich Vertiefen in die Abgründe des Zweifels. Was immer hier gelten will, muß zuvor durch diese Feuerstätte hindurchgegangen sein. Ist es nun nicht merkwürdig, daß auch hier von den entgegengesetzten Lagern, den Conservativen und Socialdemokraten, innerhalb der deutschen Presse die sprechendsten Echo's auf die Encyclica geantwortet haben? „Das Papstthum," sagte der Socialdemokrat in Berlin [2], „ist die Blüthe und das Urbild nicht nur des Kirchenthums, sondern des Autoritätsglaubens und Autoritätswesens durch ganz Europa. Gegen das Papstthum mit seinem tiefgelegten Fundament und seiner unerbittlichen Consequenz sind protestantische Orthodoxie, Royalismus, Conservatismus jeder Art, kurz alle Autoritätselemente Europa's nur verblaßte Abbilder, nur Versuche von Nachahmungen. Mit dem Falle des Papstthums wird der große Kampf, den die Culturstaaten in ihrem Innern kämpfen, durch ganz Europa entschieden sein. Aber gerade darum kann das Papstthum, und das Papstthum allein, die ganze und volle Sprache der Autoritätssache führen, und ehrenvoll, nicht tadelnswerth ist es, wenn es diesen Muth seiner Sache hat.... Ohne reale, materielle Macht steht das Papstthum inmitten feindlicher Elemente da und trotzend den Gefahren, die es umdrängen; auf die Möglichkeit hin sogar, die letzten schützenden Bajonette zu verlieren, hat es mit dem ganzen Stolze seiner tausendjährigen Vergangenheit einer feindlichen Welt dieses rücksichtslose Anathem entgegengeschleudert... Wir, die wir dieß zu verstehen und zu würdigen vermögen, wissen ja so gut wie jene Andern, daß das Papstthum seinem Falle entgegengeführt werden muß" u. s. w. Wir haben hier einen Jünger jener Cultur vor uns, welche wir bereits kennen, von deren Ausgestaltung sich alle Freunde der wahren Freiheit in Frankreich loszuringen suchen. Es könnte ihren Anbetern keine größere Strafe bereitet werden, als wenn sie für einige Zeit Recht erhielten. Wenn je, so wird die Kirche allein die Macht haben, sie aus der selbstgewählten Verflachung und, sagen wir es rückhaltlos, aus dem Zustande voll-

---

[1] A. A. Z. 1865 Nr. 7.
[2] Kölnische Blätter 1865 Nr. 10.

kommener Auflösung der öffentlichen Verhältnisse herauszuführen. Besser aber ist es, daß sie davor bewahrt bleiben. Dazu bietet ihnen das Papstthum, das noch keine Lust hat zum Sterben, ehrlich die Hand. Eine Cultur ohne Christenthum ist ein Vorspiel der Hölle, das Reich Satans mit allen Gräueln, aller Fäulniß des Heidenthums. Christenthum aber, das volle wirkliche Christenthum, ist Papstthum; so weit wären wir also. Höher indessen als die Aeußerung des Socialdemokraten Berlins steht uns eine Betrachtung der Berliner Revue [1] über die Encyclica; es ist ein Organ von Conservativen, welches sich also vernehmen läßt: „Daß in dem allgemeinen Rausche, welcher die Herrlichkeit der Starken, der Klugen, der Egoisten anbetete, der entwaffnete Papst allein und zuerst es wagte, den Schaden aufzudecken, an dem die heutige Gesellschaft krankt, das ist die weltgeschichtliche Bedeutung der Encyclica vom 8. Dezember.... Der religiöse Zweifel und die staatliche Tyrannei gehen Hand in Hand. Der menschliche Geist, den die Anmaßung einer emancipirten Wissenschaft aus einer Ungewißheit in die andere wirft, gibt sich zuletzt dem Satze gefangen, daß die Anraffung und der Genuß der Güter dieser Erde das Werthmaß für den Menschen sei: so entsteht die moralische Anarchie, in welcher jeder Einzelne sich dem Druck des stärksten Usurpators beugen muß. Vor diesem Verfall rettet Pius seine Gemeinde durch die Heilkraft der Glaubensautorität." Wir wüßten nicht, wie sich die Wahrheiten der Encyclica in diesem eigenthümlichen Elemente nordischer Bildung bestimmter ausdrücken ließen! Endlich dürfen die Liberalen selbst am wenigsten unberücksichtigt bleiben. Ihr Winden und Drehen zeigt am besten, wie gut der Schlag getroffen hat. Bald sehen sie die ganze moderne Gesellschaft bedroht; bald wundern sie sich über sich selber, wie sie so viel Wesens aus der Sache machen konnten; bald fürchten sie da und dort Verfolgungen für ihre Gesinnungsgenossen; bald drohen sie den betreffenden Regierungen mit großen Verlegenheiten. Ueberall aber zeigt der erneute Anlauf der Unverbesserlichen gegen die bestehenden Concordate (in Wien z. B.), auf das Vermögen der Kirche (Mexiko, Italien) und den kirchlichen Einfluß auf die Volkserziehung (Belgien, Baden), wie wohlthätig für die Kirche das Vorgehen des Papstes ist, das diese unversöhnlichen Feinde der Kirche

---

[1] Sie ist aus dem trefflichen Märkischen Kirchenblatt von Kaplan Müller in Berlin, 1865 Nr. 3, entnommen.

beim rechten Namen nennt. Den englischen wie einigen österreichischen Blättern ist es nicht recht geheuer bei der Sache; es könnten die Regierungen doch noch ihre Sache von der des Liberalismus unterscheiden und begreifen, daß sie höhere Pflichten gegen die menschliche Gesellschaft haben, als die maßlosen Ansprüche einer Partei von Gestern zu befriedigen, die, mit allen erprobten Grundsätzen der Vergangenheit brechend, nur die Eine Aussicht als sicher eröffnet: auf die fortwährende Unsicherheit der öffentlichen Verhältnisse und den endlichen Ruin aller bürgerlichen Ordnung. Das Rundschreiben geht auf die Herrschaft des göttlichen Rechtes, vor welcher alle Berechtigten gleich sind, es will den Terrorismus jeder Art brechen, auch den, welcher der Mittelpartei durch die sociale Demokratie droht. Früher oder später muß in jener selber eine Scheidung zwischen Denen, welche wirkliche berechtigte Interessen vertreten, und Jenen, die einem revolutionären Idol anhangen, eintreten. Einstweilen ist die erfreuliche Wirkung vorhanden, daß nach dem Beispiele der Katholiken Belgiens, wo die Söhne der Kirche bei aller Treue gegen ihre Verfassung sich offen und unumwunden der Lehre des hl. Vaters anschlossen, auch anderwärts die liberalen Katholiken sich ebenfalls aufrichtig derselben unterwarfen.

38. Die günstige Stellung des Rundschreibens ist mithin, daß alle wirklich berechtigten Interessen der menschlichen Gesellschaft: persönliche Freiheit, Eigenthum, Bildung, Recht und Ordnung seine natürlichen Verbündeten sind. Eben deßhalb ist nicht zu fürchten, was katholischer Seits ausgesprochen worden ist, daß das rückhaltlose Hinstellen der katholischen Grundsätze der Kirche mächtige Gegner unter Denen, welche am Ruder sind, erwecken könnte. Wir befürchten das nicht, hoffen vielmehr gerade das Gegentheil. Allein, die Befürchtung als begründet für einen Augenblick zugegeben — hat denn die Kirche solche Gegner nicht schon lange? und wird sie sich nicht allezeit gegen Gewalt zu wehren haben? Ein Blick auf die Presse, die Kammern, die Hauptleute des Industrialismus, kann darüber einen Zweifel nicht aufkommen lassen. Auch ist es nicht zu bestreiten, daß sie nur zu häufig von einer kurzsichtigen Politik dem falschen Frieden mit der revolutionären Partei von Solchen geopfert worden ist, deren stärkste Verbündete sie ist. Würde nun das durch ruhiges Gehenlassen heutzutage, wo die Revolution geradezu Alles bedroht, anders, besser werden? Ganz gewiß nicht; durfte sich doch die Partei bereits mit der beliebten Abschaffung des Papstthums als einer fertigen Sache schmeicheln. Man zählte dabei, so scheint es, auf die

Unterſtützung „edelgeſinnter, liberaler Katholiken" auf dem Continente [1]; auf die deutſche Wiſſenſchaft dieſſeits und auf ein Schisma jenſeits des Rheins rechnete man [2]. Der Papſt iſt dem zuvorgekommen, er hat die Thüre weit aufgethan für Alle, denen es zu enge werden könnte in der Kirche, oder vielmehr um die verblüfften Gegner zu überzeugen, daß ihre Rechnung gänzlich verfehlt iſt. Ueber Nichts täuſchen ſich auch die außer der Kirche Stehenden, Anglikaner, Freimaurer und Andere, ſo ſehr, als über die innere moraliſche Kraft des Katholicismus. Es iſt das eine gerechte Strafe für ihre hermetiſche Abſchließung gegen katholiſches Wiſſen und Leben, eine Abſchließung, welche wie auf allen Gebieten, ſo auch bezüglich kirchlicher Dinge, der Aufklärung nicht förderlich iſt; daß die Grundlage, der Sinn für die Bedeutung und Macht der Religion, fehlt, ſowie andere den geiſtigen Intereſſen feindliche Beſtrebungen mögen hiezu mitwirken. Wie oft ſchon iſt das Papſtthum von ſolchen Leuten todtgeſagt worden! Im 16. Jahrhundert, wo es an hiſtoriſcher Bildung gebrach und mächtige Leidenſchaften herrſchten, hatte das noch einen ge= wiſſen Sinn. Der Papſt war als der mächtigſte Monarch die Zielſcheibe aller möglichen Parteien, die aus ſeinem Sturze Stärkung fürſtlicher Macht, Erweiterung ihrer Grenzen, Entzügelung ihrer durch die chriſt= liche Sitte wenigſtens gehemmten Leidenſchaften hoffen konnten. Man denke an die Brandbriefe Ulrichs von Hutten! Je ſtärker der Papſt, deſto mächtiger ſeine Feinde, deſto gewaltiger ihre Anſtrengungen, und in demſelben Maße zuverſichtlicher die Vorausſagung ſeines Sturzes. Bürgerkriege wurden entzündet, welche ein ganzes Jahrhundert lang die kräftigſten Nationen zerrütteten, und das Papſtthum ſollte beſtehen bleiben? Es blieb aber dennoch ſtehen! Und heute? Da wird man mit

---

[1] Daily News z. B. tröſtete ſich mit dem baldigen Untergange des Stuhles Petri; die Times tobte über die Verwegenheit des Papſtes in ſeinem Unglück. Ein Nachklang war in gewiſſen, wie überall, ſo auch hier dem engliſchen Liberalismus nachhinkenden deutſchen Blättern zu leſen. Das Fremdenblatt in Wien entblödete ſich nicht, die Encyclica „ein Vermächtniß der Gefühle und Ueberzeugungen des ſterbenden Papſtes" zu nennen. Salzb. Kbl. 1865 Nr. 1. 2. A. A. Z. 1865 Nr. 2.
[2] Zu vergl. Köln. Z. 1865 Nr. 4 unter „Paris" und A. A. Z. 1865 Nr. 3 unter „London". Dort wurden auf einen hochſtehenden franzöſiſchen Prälaten ſchismatiſche Hoffnungen gebaut, hier das Papſtthum als eine „italieniſche" Einrichtung erklärt, die früher oder ſpäter eine neue Kataſtrophe, in Deutſchland namentlich, erwarten laſſe. „Wenn Rom nicht Schritt halten will mit dem Fortſchritt der Civiliſation, ſo müſſen ſich die Katholiken ohne Rom auf den Weg machen." Eben dieſes wohlbekannte „Müſſen" in Sachen der Freiheit und Freiwilligkeit hat der Papſt durchkreuzt. Hinc illae lacrymae!

dieser Kleinigkeit einer geistlichen Monarchie von 200 Millionen Seelen und einer Erfahrung von 18 Jahrhunderten schneller fertig. Das Papstthum ist abgelebt, da liegt das Geheimniß. Es paßt nicht mehr in's neunzehnte Jahrhundert; es geht von selber zu Grunde. Daher genügt es, Geduld zu verschreiben, von Zeit zu Zeit mit einem Artikel, einem Memorandum, einer gut erfundenen Verleumdung nachzuhelfen, sonst aber läßt es sich ruhig seinem Spiele, seinem Theater, seinem Vergnügen leben. Eines schönen Morgens wird der Telegraph die Neuigkeit bringen: Italien auf dem Capitol! das Papstthum für ewige Zeiten abgeschafft! der Cultus der Menschheit proklamirt! Daß nun aber unsere Liberalen statt dessen überrascht werden mit einem Rundschreiben, das die specifische Weisheit des 19. Jahrhunderts zu den alten großen Ketzereien der Waldenser, Albigenser, Priscillianisten und Manichäer in Eine Rumpelkammer wirft, nein! wer hätte eine solche reine, unvermittelte, ursprüngliche, leibhaftige Darstellung des Papstgedankens erwartet! Und um die Ironie vollständig werden zu lassen, hat die Vorsehung dem Papste den Rücken eben Jener zur Verbreitung seines Urtheils geliehen, welche zunächst davon betroffen wurden! Wie preiswürdig ist doch unser Jahrhundert, daß es Telegraphen, Eisenbahnen und Tagesblätter besitzt! Ehemals, wenn eine mächtige Ketzerei ärztliche Prozesse heischte, war es nicht so leichte Sache, als manche Geschichtschreiber wähnen, ein Concil zusammen zu rufen, geschweige denn seine Beschlüsse an der rechten Stelle zu verkünden und in Kraft zu setzen. Dank den Fortschritten des neunzehnten Jahrhunderts, dieses so verkannten Jahrhunderts, kann der Papst nunmehr behäbig innerhalb seiner vier Mauern bleiben und vernehmen, was sein Senat zum Heile der Christenheit für gut findet. Der Dampf bringt ihm Verstärkung aus fernen Weltgegenden! In aller Gemächlichkeit kann er seine Maßregeln treffen, um die gefährlichsten, weitestverbreiteten aller Irrthümer seit Simon dem Magier in aller Form zu verurtheilen! Fehlt es ihm an Sendboten, das Jahrhundert stellt ihm seine obersten Herolde kostenfrei zur Verfügung! Weiter kann die Liberalität nicht gehen. Und man konnte allen Ernstes den Papst für fähig halten, dieses Jahrhundert, seine Vorzüge im Verkehrsleben, seine öffentlichen Einrichtungen zu verdammen! Fürwahr, so wenig es den Aposteln einfiel, die Römer zu schmähen, daß ihre Militärstraßen ihnen die Wege in das Herz der Völker ebneten, so wenig kann es einem Papste in den Sinn kommen, am neunzehnten Jahrhundert das zu ächten, was einen wirklichen Fortschritt im öffent-

lichen Leben bekundet. Man sagt, es sei eine neue Zeit im Anzuge; der Papst hat also klug gehandelt, sich zu beeilen. Wer bürgt ihm, daß die Umstände allezeit so günstig bleiben? Digitus Dei hic est. Hier ist der Finger Gottes! Gott allein weiß den Teufel zu zwingen, daß er Bausteine zum Tempel seiner Ehre trage. Das Urtheil des Papstes, dieses so sicher treffende, so günstig einfallende Urtheil, ist das Urtheil der ewigen Wahrheit; derselben, die einst unsere Menschheit angenommen hat und sich jetzt des Mundes Petri bedient, um ihr Urtheil gemeinverständlich für unser Jahrhundert auszusprechen. „Gewogen und zu leicht befunden!"

39. Möchte das Urtheil verstanden und beherzigt werden! Noch ist es Zeit zur Umkehr! Unser Jahrhundert hat den Renan=Cultus erlebt; Christus, der Richter der Lebendigen und der Todten, wurde ihm zu einem Märchen, zum Roman, zum Gaukelbild einer im Sinnendienst übermüthig gewordenen Einbildungskraft. Aber der Lebendige läßt sich nicht so leicht in Dunst auflösen. Der Taumel vergeht, der Dunst zerrinnt, und dem erstaunten Blicke zeigt sich jener Fels, der seit 18 Jahrhunderten für die Gottheit Christi zeugt. Kein Zeugniß, wir stimmen dem hl. Chrysostomus bei, ist beredter, als das Zeugniß dieses schwachen Fischers, der mit der höchsten, stärksten, ja einer unüberwindlichen Macht, welche die Festen des Himmels überragt, ausgerüstet ist. Das ist das gottgewollte Geheimniß des Papstthums: gerade wenn es am schwächsten scheint, ist es in Wahrheit der stärkste Ausdruck jener übermenschlichen Kraft, die es gegründet. Du bist Christus, der Sohn des lebendigen Gottes, lautet das Bekenntniß Petri. Der Urtheilsspruch Pius' IX., was ist er anders, als die Wiederholung dieses Bekenntnisses inmitten der Angriffe der Christusläugner? Und man vernimmt schon jetzt durch das Wechselspiel der Furcht und Aufregung, der Verwirrung und Verwünschung die Antwort: Und ich sage dir, du bist Petrus, und auf diesen Felsen will ich meine Kirche bauen, und die Pforten der Hölle werden sie nicht überwältigen. — Ja, jeder neue Anlauf wird neue Kunde von dieser Wahrheit bringen. Deßhalb geht unser Verdict dahin: das Rundschreiben des Papstes ist über die Frage der Opportunität erhaben!

5. Die Verpflichtung.

40. Die Encyclica ist laut Ueberschrift an die katholische Hierarchie auf dem Erdkreise gerichtet; sie geht also nach der Absicht ihres Ur-

hebers jedenfalls alle Katholiken an, uud die Untersuchung ist nunmehr, welche Pflichten sie für diese in sich schließe. Geht sie sonst Niemanden an? Es könnte die Klugheit zu gebieten scheinen, daß wir dieser Frage ausweichen; allein eine höhere Art von Klugheit ist jene, welche die Wahrheit über Alles stellt. Die heutigen Verhältnisse legen Pflichten nahe, welche zuvor nicht bestanden; die Schranken der Rücksicht sind durch die moderne Gesellschaft niedergerissen, nicht bloß für Nichtmitglieder der Kirche zum Nachtheil der Kirche, sondern auch für die Katholiken, welche in edelster Weise, so hoffen wir, sich dafür rächen werden, daß die Presse, nachdem sie das Rundschreiben des Papstes überall hin verbreitet, sich zur Richterin des Actenstückes aufgeworfen hat; leider selbst in einer Weise, daß strafrechtliche Behandlung eintreten mußte [1]. Ob die bestehenden Gesetze eine Kritik der Encyclica, als wäre sie ein bloßer Meinungsausdruck des nächsten besten Schriftstellers, gestatten oder nicht; ob sie im bejahenden Falle es ihnen mit Recht gestatten, ohne Kränkung für die vollberechtigte katholische Kirche, wollen wir hier nicht untersuchen; wohl aber werden wir uns mit der Frage beschäftigen, ob nicht die sich selber als Richter des Papstes aufwerfenden Vertreter der Presse damit, daß ihnen das Actenstück auf vollkommen ausreichende Weise verkündet worden ist, specielle Pflichten auf sich genommen haben. Da die Frage ohne unser Dazuthun also liegt, haben wir sie nicht zu verantworten; sie ist aber mindestens nach dem allen Menschen gemeinsamen Rechte zu lösen. Gemeinsam ist uns mit den Ungläubigen das Naturrecht; ihm ganz gewiß unterstehen auch Jene, welche durch die Taufe und die Anerkennung der hl. Schrift als einer Quelle geoffenbarter göttlichen Religion noch weitergehende positive Pflichten für unsern Fall auf sich liegen haben. Das Naturrecht lehrt nun aber, daß Gott als der Urheber des menschlichen Geschlechtes zugleich sein oberster Gesetzgeber ist; daß sein Gesetz, nach welchem der Ungläubige gerichtet werden wird [2], in dessen Herz geschrieben ist; daß dieses Gesetz, die Vernunft, es Gott freistellt, den Menschen durch das in sein Herz geschriebene Gesetz allein, oder noch dazu durch ein positives Gesetz über die Art, wie ihm von seinen Unterthanen gehorcht werden, und welches für diese der Weg zum Leben sein soll, zu verpflichten. Dasselbe Naturgesetz schreibt daher dem Menschen vor, daß, wenn Anzeichen vorhanden liegen, Gott habe den zweiten Weg gewählt, und diese Anzeichen dem

---

[1] S. darüber Salzb. Kbl. 1. 2. [2] Röm. 2, 15.

Menschen genügend promulgirt sind, es demselben nicht mehr freistehe, ob er demselben, d. h. dem positiven göttlichen Gesetze, Folge leisten wolle oder nicht; ebenso wenig, ob er sich darum bekümmere, darüber nachdenken wolle oder nicht. Es steht ihm zwar physisch frei, weil er einen freien Willen hat und auf Erreichung seiner Bestimmung verzichten kann, nicht aber rechtlich, ohne Eintrag seiner Menschenwürde, ohne Gefahr für sein ewiges Heil. Nehmen wir nun an, unsere Ungläubigen hätten bisher noch nie genügende Kenntniß davon erhalten, daß wirklich eine solche positive göttliche Ordnung, eine Anstalt mit bestimmter Lehre und Heilmitteln, als der einzige Weg zum Leben besteht; ja es seien ihnen selbst Gründe zu einer Vermuthung bisher nicht hinlänglich bekannt geworden. Das Actenstück, das sie kritisiren, stellt sie nunmehr in eine ganz neue Lage. Hier steht vor ihnen die Thatsache, daß das Oberhaupt der über die ganze Erde hin verbreiteten, seit 18 Jahrhunderten bestehenden Kirche, der Papst, sich auf eine positive Offenbarung des göttlichen Willens als den legitimen Grund seines Vorgehens beruft. Was folgt mindestens daraus, zumal für sie als Richter dieses Anspruches? Daß sie verpflichtet sind, diesen Grund genau zu untersuchen, und wenn sie dann durch das Licht der Vernunft die Wahrheit desselben erkennen, ohne Menschenfurcht vorangehen und den Muth haben, aus Feinden der Offenbarung ehrliche Freunde und Vertheidiger derselben zu werden. Mit dieser Pflicht, welche den Fleiß der Untersuchung nach dem Maße des Zweifels und der Wichtigkeit der Sache bestimmt, hängt die zweite zusammen, der sie ihren Mitmenschen gegenüber unterstehen, daß, bevor sie der Aufgabe sattsam genügt haben, sie ihr Urtheil zurückhalten, um nicht Verbrecher an dem möglicherweise höchsten Gute der menschlichen Gesellschaft zu werden, und falls Gesetze gegen eine solche Unthat nicht bestehen, in den Augen jedes rechtlich denkenden Menschen eines leichtfertigen, eines Menschen unwürdigen Verfahrens mit Fug und Recht bezüchtigt zu werden.

41. Doch wir überlassen die Richter der Encyclica ihrem eigenen Nachdenken über das Urtheil, das nicht nur der Glaube an die hl. Schrift, sondern schon die Vernunft und die natürliche Gerechtigkeit ihrem Gebahren spricht, und wenden uns zu den Katholiken. Für die Verpflichtung auf dieser Seite besteht ein anderer, höherer Maßstab. Sie unterstehen nicht bloß jenem Gesetze, welches der Schöpfer in ihr Herz geschrieben hat, sondern haben sich überdieß als gläubige Christen einem genau bestimmten positiven Gesetze, nämlich dem durch die Propheten und

zuletzt Gottes eingebornen Sohn geoffenbarten Willen Gottes unterworfen; darauf hin sind sie Glieder des mystischen Leibes Christi geworden und haben hier auf Erden Theilnahme an dem Schatze seiner Verdienste, für das Jenseits aber den Anspruch auf das ewige Leben empfangen. Dieses geoffenbarte Gesetz ist, wie sie durch es selber angewiesen werden, nicht ihrer eigenen Auslegung anvertraut, sondern dem von Christus eingesetzten Lehrkörper, dessen Haupt der Römische Papst ist. So oft diese höchste Lehrautorität als solche auf rechtmäßige Weise den ihm untergebenen Gliedern des Reiches Christi einer Lehre sich zu unterwerfen befiehlt, worüber dieselben moralische Gewißheit erlangen können; so oft vernehmen sie in seinem Ausspruche die Stimme Gottes selber, die Stimme der untrüglichen Wahrheit, und sind, unter der Gefahr, das Licht des Glaubens zu verlieren und vom Leibe Christi abgeschieden zu werden, verpflichtet, ihr Urtheil unter das Urtheil der Kirche unbedingt zu unterwerfen und ihm, sei es, daß es eine Glaubenswahrheit oder eine Sittenvorschrift genauer bestimmt, inneren und äußeren Gehorsam zu zollen [1].

42. Die Frage ist nunmehr, hat diese lebendige oberste Lehrautorität der Kirche durch den Mund Pius' IX. in der Encyclica und dem Syllabus gesprochen? Zum Behufe größerer Deutlichkeit gehen wir in einzelnen Sätzen voran.

a) Der Papst hat die Encyclica nicht als Privatperson, sondern als Oberhaupt der Kirche, als Statthalter Christi, an die Gesammtkirche erlassen; dieselbe verpflichtet daher die Mitglieder der Kirche zum Gehorsam. Der Syllabus aber nimmt an diesem öffentlichen Charakter Theil.

Wenn der Papst ein Schreiben erläßt, so kann er dieses thun als Privatperson, oder in seiner öffentlichen Stellung als Oberhaupt der Kirche. Im ersteren Falle hat, was er ausspricht, keine weitere Geltung, als die einem so hochstehenden, durch große Eigenschaften und Erfahrung ausgezeichneten Mitgliede der menschlichen Gesellschaft zukommt. Aber etwas Anderes ist es, wenn der Papst in seiner amtlichen Eigenschaft sich ausspricht. Hier kann er sich an einzelne Personen richten, oder an einzelne Kirchen, oder aber an die Gesammtkirche. Welche Verpflichtungen hieraus abfolgen, ist dann aus dem Inhalt des Schreibens zu ermessen. Im Vorstehenden wird nun nicht

---

[1] Es wird in einer spätern Broschüre noch ausführlicher auf diesen Gegenstand zurückgekommen werden.

mehr behauptet, als: daß erstens das Rundschreiben vom Papste in seiner öffentlichen Stellung erlassen, daß es an die Gesammtkirche gerichtet und für alle Mitglieder derselben verpflichtend sei. Sodann zweitens, daß dem angehängten Syllabus derselbe Charakter zukomme. Der Beweis für das Erste erhellt unzweifelhaft schon aus der Ueberschrift; es ist ein Rundschreiben an die gesammten Mitglieder der katholischen Hierarchie, erlassen von Pius IX. als ihrem Haupte, also ein amtliches Actenstück, gerichtet an die Gesammtkirche, in der üblichen Weise ergangen. Ebenso deutlich geht dieß aus dem Inhalte hervor. Der Papst spricht mit Berufung auf das ihm göttlich übertragene Lehramt, im Anschluß an ähnliche amtliche Acte. Weiter verpflichtet er ausdrücklich Diejenigen, an welche das Schreiben gerichtet ist, zur Beistimmung und zum Gehorsam; die Hirten wie die Gläubigen: „Wir wollen und befehlen, daß sie," die schlechten Lehrmeinungen nämlich, „von allen Söhnen der katholischen Kirche schlechthin als verworfen, geächtet und verdammt angesehen werden." Es ist also kein vernünftiger Zweifel darüber möglich: der Papst hat die Encyclica als Oberhaupt der Kirche erlassen, und seine Absicht war, ein verpflichtendes Gesetz für die gesammte Kirche aufzustellen. Es sind also auch die Mitglieder der Kirche insgesammt zum Gehorsame verpflichtet. Eine Ausweichung aus andern, Formgründen, gibt es nicht. Denn einmal läßt sich die Aechtheit des übereinstimmend lautenden Rundschreibens vernünftiger Weise nicht bestreiten. Sodann ist das Rundschreiben genügend publicirt. Nicht nur ist es in Rom veröffentlicht worden, was im vorliegenden Falle selbst nach den laxesten Kirchenrechtslehrern ausreicht, sondern es ist vom Papste selber dafür gesorgt worden, daß die Gläubigen mit größter Leichtigkeit sich vom Vorhandensein des Rundschreibens moralisch vergewissern können, indem es an alle Oberhirten der Christenheit erlassen und unter den gebildeten Völkern zum Ueberflusse von den Zeitungen bekannt gegeben worden ist. Es haben deßhalb denn auch, was Alles das zusammenfaßt, bereits die Hirtenbriefe und Begleitschreiben weitaus des größten Theils des katholischen Episcopates, und wo einzelne Bischöfe verhindert worden sind, die Encyclica zu veröffentlichen, anderweitige Erklärungen derselben die verpflichtende Kraft der Encyclica anerkannt, und die letztern sich damit getröstet, daß die Zeitungen sie zur genügenden Kenntniß der Gläubigen gebracht haben [1].

---

[1] Fast in allen Rundschreiben der französischen Bischöfe an ihren Klerus kehrt

43. Der Syllabus nun nimmt an diesem öffentlichen Charakter
Theil; er ist an die Gesammtkirche gerichtet und sein Inhalt soll diese
nach dem Willen des Papstes, dem er seine Entstehung verdankt, verpflichten. Zunächst ist er im Auftrage des Papstes gleichzeitig mit der
Encyclica den Bischöfen der Christenheit zur Nachachtung zugegangen
und ist von den Bischöfen als ein untrennbarer Bestandtheil mit ihr
veröffentlicht worden. Ueber seinen Charakter nach der Absicht des Papstes, daß nämlich sein doctrinaler Inhalt die Kirche verpflichten, die
verdammten Irrlehren von ihr verdammt werden sollen, wird durch das
Begleitschreiben des Staatssecretärs Cardinal Antonelli volles Licht verbreitet. In deutscher Uebersetzung lautet die für uns entscheidende
Stelle [1]: „Unser heiligster Vater, Papst Pius IX., um das Heil der
Seelen und die gesunde Lehre überaus besorgt, hat schon vom Anfange
seines Pontificates an niemals aufgehört, in seinen veröffentlichten Encycliken und Consistorialallocutionen und anderen Apostolischen Sendschreiben die hauptsächlichsten Irrthümer besonders unserer so unseligen
Zeit und ihre falschen Lehren zu ächten und zu verdammen. Da es sich
aber vielleicht ereignen konnte, daß alle diese päpstlichen Actenstücke nicht
an die einzelnen Bischöfe gelangten, **deßhalb hat eben derselbe**

---

der Gedanke wieder, den der Bischof von Pamieres in die Worte kleidet: „Si cette
mesure (das Verbot des Ministers Baroche) met obstacle à la publication au-
thentique et directe de l'acte pontifical, *la publicité n'y a rien perdu.*" Im
Monde 1865 Nr. 11.

[1] Nach dem Münchener Pastoralblatt und Salzburger Kirchenblatt Nr. 3:
„Sanctissimus Dominus Noster Pius IX. Pontifex Maximus de animarum salute,
ac de sana doctrina maxime sollicitus vel ab ipso sui Pontificatus exordio nunquam destitit suis Epistolis encyclicis, et Allocutionibus in Consistorio habitis, et Apostolicis aliis Litteris in vulgus editis praecipuos hujus praesertim
infelicissimae aetatis errores, ac falsas doctrinas proscribere et damnare.
Cum autem forte evenire potuerit, ut omnia haec Pontificia Acta ad singulos
Ordinarios minime pervenerint, iccirco idem Summus Pontifex voluit, ut eo-
rumdem errorum Syllabus ad omnes universi catholici orbis Sacrorum Antistites mittendus conficeretur, quo iidem Antistites prae oculis habere possint
omnes errores, ac perniciosas doctrinas, quae ab ipso reprobatae, ac pro-
scriptae sunt. Mihi vero in mandatis dedit, ut hunc Syllabum typis editum
ad Te, Illustrissime ac Reverendissime Domine, perferendum curarem hac
occasione ac tempore, quo idem Pontifex Maximus pro summa sua de catholicae Ecclesiae, ac totius Dominici gregis sibi divinitus commissi incolumitate
et bono sollicitudine, aliam Encyclicam Epistolam ad cunctos catholicos Sacrorum Antistites scribendam censuit. Ejusdem igitur Pontificis jussa omni
certe alacritate et, uti par est, obsequio efficiens, Tibi, Illustrissime ac Reverendissime Domine, eumdem Syllabum his litteris adjunctum mittere propero."

Papst gewollt, daß ein Verzeichniß eben dieser Irrthümer gefertigt würde, um es an alle geistlichen Hirten des ganzen Erdkreises zu senden, damit eben dieselben Hirten vor Augen haben könnten alle Irrthümer und verderblichen Lehren, welche von ihm verworfen und geächtet sind. Mir aber hat er aufgetragen, daß ich dieses Verzeichniß gedruckt an Sie, erlauchter und hochwürdigster Herr, bei dieser Gelegenheit und Zeit übersende, wo eben derselbe Papst, seiner höchsten Sorgfalt um die Sicherheit und das Wohl der katholischen Kirche und der ganzen ihm von Gott anvertrauten Heerde entsprechend, ein anderes Rundschreiben an die gesammten katholischen Oberhirten zu schreiben beschlossen hat." Daraus ist jedenfalls so viel gewiß, daß der Syllabus seinem Inhalte nach wie das Rundschreiben öffentliches Ansehen anspricht, denn zunächst ist er ein Auszug aus früheren Encycliken und Allocutionen, oder aus amtlichen Sendschreiben bei besonderen Anlässen. Sodann aber soll er nach dem Willen des Papstes diese früheren Actenstücke für Jene ersetzen, zu deren Kenntniß dieselben nicht gelangt sind, wird also vom Papste Allen gegenüber mit demselben Ansehen ausgerüstet, das diese haben. Endlich wird von allebem unabhängig ganz allgemein gesagt: der Syllabus soll vorstellen „alle Irrthümer und verderblichen Lehren, welche von ihm (dem Papste) verworfen und geächtet sind." Es theilt somit der Syllabus den amtlichen Charakter des Rundschreibens, welcher ihm denn auch bei den Veröffentlichungen, sowohl in Rom, im amtlichen Blatte, Giornale di Roma [1], als durch die Bischöfe beigelegt worden ist. Aus dem Dargestellten folgt, daß wir hier in den beiden Actenstücken mindestens eine zum Wohl der Kirche erlassene Vorschrift vor uns haben, welche sich ansehen läßt, um uns der Worte eines neueren Kirchenrechtslehrers zu bedienen, „als ob sie von dem heiligen Petrus selbst ausgegangen" wäre; eine „wahrhaft apostolische" Vorschrift, welche „von allen Christen als Gesetz beobachtet werden muß" [2].

44. Welcher Art aber muß der Gehorsam derselben sein? Oder welches ist die durch sie gesetzte Verpflichtung?

b) Diese apostolische Vorschrift hat der Papst nicht als geistliches Oberhaupt im Allgemeinen, sondern als allgemeiner, unfehlbarer Lehrer der Kirche erlassen; daher ist

---

[1] Vergl. Salzb. Kirchenbl. 1865. Nr. 1.
[2] Georg Phillips, Kirchenrecht. III. 613 f.

dieselbe nicht eine bloß disciplinäre, sondern doctrinäre Vor=
schrift, und zwar muß sie von den Katholiken mit derselben
Unterwerfung angenommen werden, welche den unfehlbaren
Aussprüchen der lehrenden Kirche überhaupt gebührt.
Wenn nämlich der Papst in einem Erlasse als Oberhaupt der Kirche
handelt, kann er Gnaden spenden, Strafen verhängen, Vorschriften er=
theilen, Gesetze erlassen, kurz irgend Etwas, was zur Regierung der
Kirche, zur Handhabung ihrer Ordnung, des Gottesdienstes, zur An=
wendung der katholischen Grundsätze auf das Leben gehört, verfügen;
er kann aber auch in Glaubenssachen neu aufgetauchte Lehren richten,
die geoffenbarte Lehre auslegen und näher bestimmen. Oft, oder ge=
wöhnlich gehen beide Thätigkeiten, die disciplinäre und doctrinale, neben
einander her, oder fließen in einander über, wie wir das auch in den
Concilien, so in dem letzten von Trient wahrnehmen; neben dem, daß
es die Irrlehren jener Zeit verdammte und die katholische Lehre aus=
einandersetzte, stellte es heilsame Vorschriften zum Besten der Kirchenzucht
auf. Nun haben wir zwar auch im Rundschreiben wie im Syllabus
Acte der letzten Art; dort wird im Hinblicke auf die Angriffe der Wider=
sacher in der Presse den Hirten der Christenheit eingeschärft, täglich mehr
vorzusorgen, daß die ihrer Sorge anvertrauten Gläubigen „sich von
den schädlichen Kräutern enthalten, welche Jesus Christus nicht pflegt,
weil sie keine Pflanzung seines Vaters sind"; ebenso wird im Syllabus
erinnert (§ 4) an die Censuren und Verwerfungen, welche wiederholt
über geheime Gesellschaften, Bibelgesellschaften, liberale Vereine u. s. w.
vom Oberhaupte der Kirche verhängt worden sind. Endlich ist dem
Rundschreiben ein Gnadenbrief für das Jubiläum von 1865 angeschlossen,
dessen Ausführung der oberhirtlichen Sorge der Bischöfe anvertraut ist.
Den Hauptinhalt aber des Rundschreibens und des Syllabus, den
wir hier im Auge haben, bildet die Verurtheilung von Lehren und
Grundsätzen, welche, wie entwickelt, die Stellung der Einzelnen wie der
menschlichen Gesellschaft zur Kirche und der ihr anvertrauten Religion
betreffen. Von diesen kirchlichen Entscheidungen also ist behauptet, daß
sie dem unfehlbaren Lehramte der Kirche entflossen sind. Dem Lehramte, also sind es keine bloß disciplinären, sondern Doctrinalvor=
schriften; dem unfehlbaren, also sind es nicht bloß Auseinandersetzungen
der Lehre, für welche das höchste Ansehen bestehen kann, ohne daß die
Unfehlbarkeit der Lehrautorität für sie in Anspruch genommen wird.
In beiden Actenstücken nämlich sind, wie ein Blick auf ihre doctrinalen

Bestandtheile ausweist, irrige Lehren verurtheilt und zwar, wie die Einleitung des Rundschreibens ausdrücklich über alle diese Entscheidungen bemerkt, aus apostolischer Machtvollkommenheit, mit der Absicht, daß die ganze Kirche eben dieselben verwerfe; und zwar sind sie verdammt als Irrthümer gegen die Lehre der Kirche [1]. Wir haben also ein unfehlbares Urtheil der Kirche vor uns, und eben darum ist das, was es uns vorstellt: daß nämlich die aufgeführten und genau ausgehobenen Sätze Irrthümer gegen die katholische Lehre sind, verpflichtend für uns und fordert unsere innere Beipflichtung, unter der Gefahr des Heils.

45. Um den Fragepunkt in gehöriges Licht zu stellen, ist es gut, einige Auffassungen von Gegnern dieser These hereinzuziehen, welche theils auf katholischer Seite unter Politikern sich erhoben haben, die mit theologischen Dingen sich weniger befassen, oder von Theologen ausgegangen sind, welche die Verpflichtung bezüglich des Syllabus bestritten, theils und noch mehr außerhalb der Kirche geltend gemacht wurden. Man hat nämlich hier gesagt, der Papst breche nunmehr mit den politischen

---

[1] „Der Pflicht Unseres Apostolischen Amtes gemäß (haben Wir) den ruhmreichen Fußstapfen Unserer Vorgänger folgend", welche „als Beschirmer und Vertheidiger der erhabenen katholischen Religion, der Wahrheit und Gerechtigkeit, in ihrer höchsten Sorgfalt für das Heil der Seelen auf nichts mehr je Bedacht genommen, als daß sie durch ihre so weisen Sendschreiben und Verordnungen aufdeckten alle Ketzereien und Irrthümer, welche unserm göttlichen Glauben u. s. w. zuwider", „Unsere Stimme erhoben, ... und euere ausgezeichnete bischöfliche Wachsamkeit aufgerufen, auch die Uns so theueren Söhne der katholischen Kirche insgesammt immer und immer wieder gemahnt und aufgefordert, daß sie die Ansteckung einer so schrecklichen Pestseuche von ganzem Herzen verabscheuten und mieden." So werden die apostolischen Lehrentscheidungen, die den Inhalt des Syllabus bilden, vom hl. Vater charakterisirt. Von denen des Rundschreibens sind nahezu dieselben Ausdrücke gebraucht: „Obwohl Wir aber nicht unterlassen haben, die vornehmlichsten Irrthümer dieser Art oft zu ächten und zu verwerfen, so erheischen doch die Sache der katholischen Kirche und das Uns von Gott anvertraute Heil der Seelen sowie das Wohl der menschlichen Gesellschaft selber gebieterisch, daß Wir abermals eure Hirtensorgfalt aufrufen, um andere schlechte Meinungen auszurotten." „Unserer Apostolischen Pflicht wohl eingedenk und für unsere heiligste Religion, die gesunde Lehre und das uns von Gott anvertraute Heil der Seelen wie auch das Wohl der menschlichen Gesellschaft selbst höchst besorgt" haben Wir „abermals Unsere Apostolische Stimme erheben zu sollen geglaubt" u. s. w. Diese „schlechten Meinungen", diese „Irrthümer", offen als heilsgefährlich, gegen den Glauben gerichtet, bezeichnet, werden noch genauer bestimmt als solche Lehren, welche „nicht allein der katholischen Kirche und ihrer heilsamen Lehre, wie auch ihren ehrwürdigen Rechten, sondern auch dem ewigen Naturgesetz .... und der richtigen Vernunft höchst zuwider sind."

Grundsätzen, zu denen er im Anfange seines Pontificates sich bekannt habe; das Rundschreiben und der Syllabus sei also nichts Anderes als eine Rückkehr zu conservativen Grundsätzen in der Politik. Die Berliner Kreuzzeitung, bei welcher diese Ansicht nur nachklang, und die von ihrem Standpunkte aus sehr billig gegen das Rundschreiben war, ließ dem Papste hiebei in ihrer Weise die Gerechtigkeit widerfahren, daß er es auf eine geschickte Weise und mit geistlichen Mitteln gethan habe. „Der päpstliche Stuhl", sind ihre Worte, „sieht seine bisherige weltliche Stellung als ernstlich gefährdet an und nimmt um deßwillen bei Zeiten darauf Bedacht, seine geistige und geistliche Stellung zu verstärken. So will er sich als den entschiedensten und Hauptvertreter aller der Grundsätze hinstellen, auf welchen nicht allein die geistliche Oberhoheit des päpstlichen Stuhles, sondern zum Theil auch die Stellung der bisherigen legitimen Gewalten beruht... Unter diesem Gesichtspunkte müssen wir ebenso wohl der geschickten Abfassung als dem Muthe des Auftretens unsere volle Anerkennung zollen"[1]. Wir haben hier die mildeste, beste Form des Mißverständnisses, daß es sich um einen politischen Vorgang handle; denn geradezu plump war der Ausfall englischer Blätter, der Papst, welcher in Folge seiner weltlichen Regierung Geistliches und Weltliches vermenge, stelle seinen Katholiken auch die Form ihrer Regierung als Glaubenssatz hin; sie fanden sodann heraus, daß die Unfehlbarkeit des Papstes in's Gedränge komme, denn entweder sei er 1847 nicht unfehlbar gewesen, oder 1865. — Unter den Blinden ist der Einäugige König, und so behielt der Constitutionnel mit seinen Gesinnungsgenossen Recht, wenn er seine Stellung zum Rundschreiben mit den Worten bezeichnete: „So lange es sich um geistliche Angelegenheiten handelt, werden wir uns ehrerbietig verneigen." Es handelte sich hienach im Rundschreiben nicht um geistliche Dinge, sondern um etwas Anderes, mit dem falschen Anspruche, geistlich zu sein; um Politik, um reactionär-politische Grundsätze in geistlichem Gewande, um einen Aufruf des conservativen Europa gegen den Imperialismus, um eine Antwort auf die Septemberconvention, kurz um eine weltliche Angelegenheit, die nicht zur Lehrautorität der Kirche gehört; im günstigsten Falle um einen Rechtsanspruch über das Verhältniß von Kirche und Staat, welcher durch die Natur der Sache eine doppelseitige Erklärung erheische

---

[1] Neue Preußische Zeitung. Jahrg. 1865. Nr. 9.

und durch die von der Kirche allein noch nicht erledigt sei [1]. Um all' das zusammenzufassen, hätten wir hier keine Entscheidung der unfehlbaren Lehrautorität, sondern bloße Erklärungen, Rechtsanschauungen des Papstes, oder vielmehr, wenn sie dennoch solche Entscheidungen sein sollen, einen Mißbrauch der Lehrgewalt zu irgend welchem weltlichen oder kirchlich=politischen Zwecke. Der Beweis dafür würde aus dem Inhalte des Rundschreibens geschöpft. Derselbe ist politisch, denn er stellt politische Grundsätze denen entgegen, auf welchen die moderne Gesellschaft überhaupt beruht.

46. Die historische Widerlegung dieses Haupteinwurfes gegen unsere These ist bereits gegeben. Der Papst hat in seiner ersten Encyclica schon, als er sich durch die politische Lage seines Königreiches bestimmt sah, der freien Bewegung seiner Unterthanen gewisse Zugeständnisse zu machen, dieselben Sätze geächtet, die er heute verdammt, damals vornehmlich in ihrem Fundamente, heute in ihren Ausläufern. „Der Papst von 1846", sagte das Journal des Débats, „spricht jetzt 1864 in solchen Ausdrücken von der modernen Bildung!" Bei genauerer Betrachtung, antwortete die Civiltà mit Recht, würde das Journal sehen,

---

[1] Köln. Blätter 1865 Nr. 48: „Noch stehen wir erst im Beginne des Kampfes, noch ist auf beiden Seiten nur das erste Wort gesprochen, und eine genügende Lösung aller aufgeworfenen Fragen liegt noch fern. Wir glauben nicht daran, daß Frankreich berufen sei, der Welt diese Lösung zu geben. Die napoleonischen Ideen kranken an innerer Unwahrheit und an jener imperialistischen Hohlheit, welche die Freiheit auf der Zunge und die Knechtschaft im Busen trägt; aber wir hoffen auch nicht, daß die Curie sich auf die Wege eines Bonifacius VIII. fortreißen läßt und der Welt ein Ideal aufzudrängen versucht, an dessen Verwirklichung schon das Mittelalter gescheitert ist.... So wahr es ist, daß Staat und Kirche beide einen göttlichen Beruf und eine göttliche Vollmacht haben, ebenso wahr ist es auch, daß beide auf ihrem Gebiete vollkommen selbstständig sind, daß beide mit einander in Harmonie stehen müssen. Das Gesetz und die Formel dieser Harmonie aufzufinden und endgültig festzustellen, die Grenzen beider Gewalten zu bezeichnen, das kann aber, wegen der Selbstständigkeit beider, nicht Sache bloß einer dieser Gewalten sein."

Es ist hier einmal bezüglich des Grundsätzlichen übersehen, daß die Formel über das Verhältniß von Staat und Kirche bereits durch den Glauben, also durch göttliche Autorität, grundgelegt ist, und daß wir nicht zwei, sondern nur Eine rechtmäßige Auslegung der Glaubensgrundsätze, in der Kirche nämlich, welcher darin alle anderen Gewalten untergeordnet sind, haben. Soviel im Vorübergehen, da der Gegenstand eigens in der Abhandlung über das Verhältniß von Staat und Kirche zu beleuchten sein wird. — Sodann ist die Anwendung der ausgehobenen Regeln auf unsern Fall unrichtig und hiebei übersehen, daß es sich, wie unsere These ausweist, im Rundschreiben und seinem Anhange um eine dogmatische, also allerdings endgültige, irreformable Aufstellung handelt.

daß der Papst von 1846 sie ebenso verdammt, wie der von 1864 (Jahrg. 1865. S. 225). Daraus folgt, daß die Verdammung heute so gut wie damals nicht ein politischer Act, sondern Ausfluß des Lehramtes ist. „Hätte", sind die Worte der Civiltà, „das Journal des Débats nur einen flüchtigen Blick auf den Syllabus geworfen, so würde es gesehen haben aus den Citaten zu den geächteten Sätzen, daß es gerade der Papst von 1846 ist, welcher damals verdammte, wie er heute im Jahre 1864 fortfährt, zu verdammen." — Daß aber die englischen Liberalen, bei denen durch Befehl Heinrichs VIII. heute die Königin zugleich Papst ist, Politisches und Kirchliches vermischend, den Papst auch in Jenem unfehlbar machen, ist mehr zu entschuldigen, als zu bekämpfen. Die sachliche Widerlegung aber geschieht eben durch unsere These. Wir behaupten in ihr, daß der Papst nicht als weltlicher Monarch, ja auch nicht als geistliches Haupt der Kirche im Allgemeinen, sondern als unfehlbarer Lehrer der Kirche seine Vorschriften erlassen habe. Ist das richtig, so sind dieselben keine politischen Acte, wie immer man sie heißen möge, sondern weit erhaben über den Bereich der Politik, untrügliche Anwendungen der geoffenbarten Lehre auf die in der neuen Zeit gegen sie erhobenen theoretischen und practischen Irrthümer, ein sicherer Weg, den uns aus diesem Wirrsal das Licht des Glaubens weist. Eben deßhalb ist es uns nicht frei, wie wir uns dazu verhalten wollen, sondern wir sind Unterwerfung schuldig, und zwar eine solche, daß ihre Verweigerung eine Gefahr für den Glauben in sich schließt.

47. Die These erhellt aber daraus, daß alle Bedingungen vorhanden sind, welche erfordert werden zu einem Urtheile vom Stuhle Petri aus. Ja, selbst wenn man sich auf den Standpunkt der Gallicaner stellen wollte, wäre bereits sicher, daß die Entscheidungen des Papstes Entscheidungen der obersten Lehrautorität der Kirche, folglich untrüglich sind. Es läßt sich also unsere These selbst für Gallicaner, um so mehr für die nunmehr allgemein zur Anerkennung gelangten Vertheidiger der Unfehlbarkeit des Papstes beweisen. Jenes, denn die allgemeine Annahme des Rundschreibens von den hierin allein stimmberechtigten Bischöfen der katholischen Christenheit ist jetzt eine Thatsache. Dieß sprach schon am 27. März 1865 der heilige Vater in seiner Allocution „Omnium ecclesiarum" mit den Worten aus: „Unsere ehrwürdigen Brüder, die Vorsteher des katholischen Erdkreises, freuen sich gemäß ihrer neuesten Schreiben, die sie sowohl an Uns, als an die ihrer Sorge anvertrauten Gläubigen richteten, öffentlich das Alles zu verwerfen und zu ver-

dammen, was von Uns verdammt wird." Es hat sich nicht ein einziger Bischof gegen die Entscheidung des hl. Stuhles erhoben. Die Feinde der Kirche haben in Frankreich darauf gezählt, wenigstens einen oder den andern Prälaten für sich zu gewinnen. Aber ihre Erwartungen sind selbst in der einstigen Geburtsstätte des Gallicanismus glänzend zu Schanden geworden. Das genügt. Wir haben hier das einstimmige Urtheil der katholischen Kirche, daß im Papste Petrus gesprochen hat. Das Andere aber, weil alle die Erfordernisse leicht zu bemerken sind, welche zu einem Urtheile vom Stuhle Petri aus gehören. Das erste und für den Katholiken eigentlich genügende ist die moralische Gewißheit, daß der Papst die Absicht gehabt hat, die gesammte Kirche zur Annahme seiner Lehrentscheidung zu verpflichten. Diese Absicht ist aber sowohl im Rundschreiben, als auch im Begleitschreiben zum Syllabus auf's Deutlichste ausgesprochen (s. oben). Um nun den Leser noch einmal, zu dem schon Ausgehobenen, an den Eingang des erstern zu verweisen, beruft sich der hl. Vater auf seine Vorgänger, welche allezeit ihr höchstes Augenmerk darauf gerichtet haben, „durch ihre so weisen Sendschreiben und Verordnungen alle Ketzereien und Irrthümer aufzudecken und zu verdammen"; in diese „ruhmreichen Fußstapfen seiner Vorgänger" eintretend, hat Pius IX. vom Anfange seines Pontificates an die „hauptsächlichsten Irrthümer unserer Zeit" verdammt und unternimmt es abermals, „andere schlechte Meinungen auszurotten." So spricht der Papst zur allgemeinen Kirche, welcher er seine Lehrentscheidungen mittheilt, und ladet sie ein, oder vielmehr fordert sie auf, seiner Entscheidung beizutreten; und er sagt es noch selber, daß er in Apostolischer Machtvollkommenheit so handle. Was immer daher diese Entscheidungen enthalten mögen, es sind Aussprüche des unfehlbaren Lehramts, und ihr Gegenstand gehört in das Gebiet des Glaubens.

48. Gegen diese Ansicht hat man zwar Einwendungen erhoben in Betreff der unbedingt verpflichtenden Kraft des Syllabus; doch sind dieselben nicht stichhaltig. Der Syllabus ist nämlich ein authentischer Auszug aus früher erlassenen Encykliken und Allocutionen, sowie apostolischen Sendschreiben bei besondern Anlässen. Daher ist er wenigstens mit demselben Ansehen vom Papste bekleidet, das jene Actenstücke ansprechen. Nicht nur dieß; sondern was dem dort Gesagten mangeln konnte, um es als unfehlbaren Ausspruch der höchsten Lehrautorität erscheinen zu lassen, hat man allen Grund, beim Syllabus als vorhanden anzuerkennen. Zuerst haben wir hier genau formulirte Entscheidungen,

welchen Charakter nicht alle bezüglichen Passus in den betreffenden Acten=
stücken und Rescripten so deutlich an sich tragen. Dann aber ist von
besonderm Belange, daß der Syllabus, indem er früher geächtete Sätze
aushebt, auf Geheiß und Bestätigung des Papstes, dasjenige als Richt=
schnur der ganzen Kirche vorlegt und zur Kunde bringt, was früher,
wenigstens in mehreren Actenstücken, nur einzelnen Bischöfen als Norm
bezeichnet war. Der Papst will also die ganze Kirche verpflichtet wissen,
mithin ist sie verpflichtet; der erklärte Wille des Gesetzgebers gibt Ge=
setzeskraft. Nur ein Privatschreiben im Syllabus erblicken wollen, wäre
doch eine gar zu klägliche Auffassung. Auf Geheiß des Papstes ist er
verfaßt; auf Geheiß des Papstes sind die einzelnen Sätze den Bischöfen
zur Berathung und Gutachtung vor ihrer Veröffentlichung unterbreitet;
auf Geheiß des Papstes ist dann durch dessen obersten Beamten der so
angefertigte Syllabus allen Häuptern der lehrenden Kirche zugestellt
worden, „damit sie alle Irrthümer und verderblichen Lehren vor Augen
haben könnten, welche vom Papste verworfen und geächtet" seien. Doch
was mühen wir uns viel ab, die Eigenschaft eines öffentlichen Erlasses
von Seiten des Papstes beim Syllabus nachzuweisen? Die ganze Welt
hat ihn als dessen Manifest aufgefaßt, und als solches ihn entweder
freudig begrüßend aufgenommen oder feindlich bekämpft.

49. Hiermit sind nun auch jene Gegner widerlegt, welche behauptet
haben, es handle sich hier nicht um eine unfehlbare Lehrentscheidung, son=
dern um einen Act der Politik. Die Kirche urtheilt einmüthig anders,
und die Natur der Sache steht mit diesem Urtheile im herrlichsten Ein=
klang. Schon aus dem Inhalte des Rundschreibens läßt sich mit Leichtigkeit
die Falschheit jener Ansicht aufzeigen. Woraus besteht dieser Inhalt?
Wie jeder Leser selber beurtheilen kann, aus „schlechten Lehrmeinungen",
aus „Irrthümern", von welchen die Kirche die Ansicht ausspricht, daß
sie theils unmittelbar, theils mittelbar gegen die christliche Religion,
„gegen den Glauben und die Lehre der Kirche" gerichtet sind. Was
wurde aber je Anderes erfordert, um eine Lehre vor den obersten Rich=
terstuhl der lehrenden Kirche zu ziehen, als diese Eigenschaft? Und wenn
wir dem Papste, dem Urtheile der Kirche, der einmüthigen Lehre der
Theologen, welche die verurtheilten Sätze als den Glauben berührend
erkennen, sie also vor das oberste kirchliche Gericht weisen, hierin nicht
Glauben schenken wollten, welche menschliche Autorität gäbe es dann
noch auf der Welt, die uns sicher belehren könnte darüber, ob diese
Lehrmeinungen den katholischen Glauben berühren, ihm widersprechen

oder nicht? Die Journalisten allenfalls? Es scheint, daß man solche Autoritäten in manchen Ländern allen Ernstes über den Papst und seine Bischöfe stellen will. Allein wenn wir auch von unsern Landsleuten nicht geradezu behaupten wollen mit einem französischen Prälaten [1], daß die meisten dieser Gelehrten, die über Concilien, Rundschreiben und kirchliche Unfehlbarkeit aburtheilen, das Vaterunser verlernt haben: in Sachen des Glaubens, um Anderes zu geschweigen, sind uns jene Federn, die, wie ein anderer Prälat [2] sich ausdrückt, sich oft in den niedrigsten Schmutz getaucht haben, nicht sauber genug, um auf sie unsere heiligsten Seelenangelegenheiten zu gründen.

50. Aber, hat man mit einigem Scheine eingewendet, betreffen denn die verdammten Sätze nicht die bürgerliche Gesellschaft? Sind es nicht politische Grundsätze? Die Antwort hierauf kann wohl ein Schüler geben. Nicht Alles, was Politik betrifft, ist politisch; nicht alle politischen Grundsätze sind gleichgültig für den Glauben. Nehmen wir das Gebot des Herrn: gebet dem Kaiser, was des Kaisers ist, aber auch Gott, was Gottes ist; trifft das nicht die Politik, und zwar gerade im Nerv (nervus rerum), ohne den alle politische Weisheit zu Schanden wird? Und doch ist es ein Sittengebot. Und hinwiederum der Grundsatz: Es ist erlaubt, der Obrigkeit den Gehorsam zu verweigern, zu rebelliren, er ist ganz sicher politisch, aber er geht auch zugleich gegen das vierte Gebot Gottes. Nicht das politische Material an jenen Sätzen zieht die Kirche in ihren Bereich, sondern die eigenthümliche Spitze derselben gegen Religion und Sittlichkeit. Wenn die Kirche einem Schuster verbietet, am Sonntage zu arbeiten, so berührt dieses Verbot das Schusterhandwerk und ist doch kein Eingriff in dasselbe. Ebenso mischt sie sich, wenn sie eine Politik verbietet, welche die Kirche, ihre Güter und alle zu ihrem Bestande und ihrer Unabhängigkeit nöthigen Mittel bedroht, deßhalb noch nicht in die Politik. Mit etwas mehr Schein und einem philosophischen Anstrich könnte man sagen: aber verurtheilt nicht die Kirche Lehren, in denen die natürliche Vernunft, die natürliche Sittenlehre (§ 7), z. B. die Metaphysik (§ 1) und so auch die Rechtswissenschaft (§ 7, § 5), die Geschichtskunde (§ 8) allein zuständig sind [3]?

---

[1] Der Bischof von Angoulême. Monde 1865 Nr. 17.
[2] Der Bischof von Laval. Monde 1865 Nr. 12.
[3] So das Journal des Débats, welches meinte, es wolle der Papst für alle seine Meinungen, auch in historischen Controversen, Unfehlbarkeit ansprechen. Vergl. Die Encyclica ꝛc. Köln. Bachem. S. VII.

Hat also nicht die unfehlbare Lehrautorität über das Glaubensgebiet hinaus in das profan-wissenschaftliche Gebiet übergegriffen? Wenn es bewiesen ist, daß Gegenstände der natürlichen Erkenntniß nicht zur geoffenbarten Lehre gehören können, sagen wir ja; ist das Gegentheil richtig, nein! Nun ist aber wirklich das Gegentheil richtig; eine große Anzahl von Lehren, gerade z. B. die in § 1 enthaltenen, daß Gott ist, daß er das Gute und Böse vergilt u. s. w., sind in der hl. Schrift mit der größten Klarheit vorgetragen, obwohl sie auch von der Vernunft erkannt und bewiesen werden. Also beruht der Einwurf auf einem falschen Princip. — Aber, ließe sich einwenden, schleicht sich hier nicht Willkür ein? kann nicht unter diesem Vorwande jede Wahrheit, jedes Gesetz und jede Einrichtung vor das oberste Gericht der Kirche genommen werden, wenn sie es für gut findet? Wir sagen nein! Denn es bestehen hierüber überaus sichere Regeln, die der Papst nur anwendet, nicht etwa erfindet. Diese Regeln sind Gemeingut der Kirche; die Theologen handeln darnach, so oft sie den Maßstab des Glaubens auf verwickelte Fragen, neue practische Fälle und Verhältnisse anwenden. Man denke sich die Frage: kann ein Vater sein Kind an unsere Fabrikherren verkaufen? Für diese Frage hat die hl. Schrift nicht vorgesehen, obwohl sie gewisse Grundsätze über die Pflichten der väterlichen Gewalt enthält. Ihre Anwendung setzt ein richtiges Urtheil über Thatsachen neben der vollkommenen Kenntniß der Grundsätze voraus; jenes Urtheil aber entspringt aus natürlichen Vordersätzen. Hat die Kirche mit ihrer obersten Autorität zu urtheilen, so geht sie sicher, weil sie den Beistand des hl. Geistes hat. Eine andere Frage dieser Art ist die: welche Pflichten der Papst, welche die Gläubigen in der Gefährdung der weltlichen Herrschaft des hl. Stuhles haben? Pflichten bestehen gewiß, die aus unserm Glauben entspringen; die Anwendung setzt abermals social-politische Erkenntniß und Erfahrung voraus. Es ist also widersinnig, solche Elemente von den Lehrentscheidungen der Kirche ausschließen zu wollen. Bei genauerer Beachtung wird man auch bald finden, daß gerade in dieser sicher fortschreitenden Beleuchtung aller zur Uebernatur in Beziehung tretenden natürlichen Verhältnisse des Menschen durch das Licht des Glaubens eine hauptsächliche Bestimmung und Wohlthat des Lehramtes der Kirche zu suchen ist. Der Buchstabe der hl. Schrift ist todt; sie ist nicht im Stande, wenn Streitigkeiten über ihren Sinn, falsche Anwendungen auf neue Verhältnisse entstehen, den rechten, ihrem Geiste conformen Sinn aufzustellen. Die Wissenschaft leistet viel, aber keinem menschlichen Lehrer ist die Verheißung geworden,

daß er nur Wahrheit lehren werde. Diese Verheißung hat allein die Kirche. Zeigt sie einen Grundsatz als der Offenbarung entsprechenden Leitfaden aus verwickelten Lehrmeinungen oder schwierigen Verhältnissen, so ist er für den Katholiken das göttliche Licht des Glaubens in seiner Anwendung auf jene Streitigkeiten, jene practischen Verhältnisse, und was er enthält, ist seiner ganzen Natur nach erhaben über rein mensch= liche Erfindungen, Kunstfertigkeiten und Lehrmeinungen, obwohl Alle diese von jenem höhern Lichte beleuchtet werden können.

51. Die in unserer These ausgesprochene Auffassung von der En= cyclica und ihrem Anhang, daß sie ein, unbedingte Unterwerfung und innere Beistimmung fordernder Ausfluß des obersten unfehlbaren Lehr= amtes seien, ist ohne Zweifel vom gesammten katholischen Episcopat festgehalten. Sie ist also die Ansicht der lehrenden Kirche. Von den Documenten, die uns hierüber Aufschluß geben, verdienen in erster Linie genannt zu werden die Proteste der Bischöfe gegen übergreifende Ver= bote ihrer respectiven Regierungen, namentlich der von Frankreich. Schon unter dem 3. Januar schrieb der Erzbischof von Cambrai an den fran= zösischen Unterrichtsminister Baroche, zur Antwort auf dessen Circular vom 1. Januar: „Das von Euer Excellenz verfaßte Verbot, bezüglich der Encyclica vom 8. Dezember und des angehängten Syllabus, hat eine ganz ungewöhnliche Tragweite, die Niemanden entgehen kann; denn es trifft nicht etwa eine disciplinäre Vorschrift, sondern eine doctrinale Unterweisung des Papstes [1]." Ganz in gleicher Weise sprachen sich die übrigen protestirenden Bischöfe Frankreichs aus, wenn sie auf diesen Punkt kamen, und neuestens hat auch der Bischof von Basel aus dem Verbote, das die Thurgauer Regierung unter dem 19. Februar gegen die Publication der Encyclica erließ, Anlaß genommen, daran zu erin= nern, daß es sich hier einzig um doctrinale Fragen, um dogmatische De= finitionen handle, weßhalb er den Regierungserlaß mit Recht einen dogmatischen nennt [2]. „Möge was immer kommen, die Unterweisungen des Statthalters Christi werden für uns allezeit eine geheiligte, unver= letzliche Regel bilden" [3], ruft der Erzbischof von Tours aus. „Wir könnten nicht davon abweichen, ohne aufzuhören, Katholiken zu sein." Als der Bischof von Poitiers feierlich mehrere Artikel französischer Blät= ter gegen die Encyclica als schismatisch, häretisch, gottlos u. s. w. cen=

---

[1] Monde Nr. 4 (1865). [2] Monde Nr. 29 (1865).
[3] Monde Nr. 5 (1865).

surirte, fügte er die Erklärung seiner vollen Unterwerfung unter alle doctrinalen Sätze und Aufstellungen, „unter alle Regeln des Glaubens und des Wandels" bei, die von Papst Pius IX. in seinem Pontificate ausgesprochen worden [1]; das sei die einfache Pflicht jedes wahren Katholiken. — Mit einem ähnlich lautenden „kindlichen Anschluß" an die in der Encyclica „definirten" Wahrheiten unter Verwerfung der im Syllabus geächteten Irrthümer leitete der Bischof von Moulins die öffentliche Verlesung der Actenstücke ein [2]. Ganz die Unterwerfung, welche den Entscheidungen der unfehlbaren Lehrautorität gebührt. — Der Cardinal Gousset von Rheims nennt Encyclica mit Syllabus in seinem Schreiben an den Minister „eine dogmatische Constitution des Hauptes der allgemeinen Kirche"; ebenso nennt sie der Bischof von Straßburg; der Bischof von Frejus wendet auf die Encyclica die Regel an, welche die Gallicaner aufstellten, daß die Decrete des Papstes in Glaubenssachen alle Kirchen angehen und irreformabel seien, wenn sich die Mehrheit der Bischöfe vereinige; nun verdamme die Encyclica unter dem Beifall der ganzen Kirche längst gerichtete Irrthümer, sie sei also gewiß eine Glaubensregel; der Bischof von Nancy erinnert an die Lehre des Katechismus, „daß eine doctrinale Unterweisung, erflossen vom Papste, die Regel für den Glauben wie für den sittlichen Wandel bildet"; der Bischof von Arras, sich auf die Uebereinstimmung des gesammten französischen Episcopates über die päpstliche Lehrautorität berufend, sagt: „in den beiden Actenstücken ist Alles doctrinal, selbst dogmatisch"; der Bischof von Algier bezieht sich darauf, daß es sich hier um eine „Bulle ex cathedra", erlassen vom allgemeinen Lehrer der Kirche, handle; die Pastoralinstruction des Erzbischofs von Bourges begründet es sehr einläßlich, daß hier eine unfehlbare Lehrentscheidung der Kirche vorliege; sehr schön entwickelt das der Nachfolger des hl. Franz von Sales, indem er die Lehre dieses Heiligen über die Unfehlbarkeit des Papstes in's Gedächtniß zurückruft [3]. Der Cardinal Donnet fügt seiner früheren Erklärung, daß die Bulle Quanta cura unversehrt angenommen sei, die weitere bei, „daß nicht allein der Klerus, sondern auch die Gläubigen wie ihr Bischof vollkommen mit Geist und Herz den doctrinalen Aufstellungen und allen Lebensregeln, ausgesprochen durch Seine Heiligkeit

---

[1] Monde Nr. 5 (1865).
[2] Monde Nr. 6 (1865).
[3] Monde Nr. 9. 11. 12. 13. 14. 29 (1865).

Papst Pius IX. in der genannten Bulle und ihrem Anhange, sich anschließen müssen" [1].

52. Vom deutschen Episcopat haben wir bereits einen sprechenden Beweis oben zu Nr. 4 mitgetheilt. Andere deutsche Oberhirten weisen darauf hin, daß die beiden Actenstücke Wahrheiten bezeugen, die in der katholischen Glaubens- und Sittenlehre enthalten seien. „Das päpstliche Rundschreiben," sagt z. B. der Cardinalerzbischof von Wien, „enthält nichts, als die Darlegung von Grundsätzen, welche die Kirche stets vertreten, und denen Pius IX. bei jedem Anlasse das Zeugniß gegeben hat." Aehnlich drückt sich das Begleitschreiben des Fürstbischofs von Breslau in der Mittheilung der Actenstücke an seinen Clerus aus: dieser werde sich überzeugen, „daß sowohl in der Encyclica, als in dem beigegebenen Syllabus nichts enthalten sei, was von dem heiligen Stuhle nicht schon früher verkündet worden und im Grunde aus der katholischen Glaubenslehre zu entnehmen wäre." — Sehr einläßlich hat der hochwürdigste Bischof Ignaz von Regensburg sich über den Charakter der beiden Actenstücke geäußert: „der heilige Vater, das sichtbare Oberhaupt der Kirche, von dem Heilande der Welt bestellt seine Lämmer und Schafe zu weiden und die Brüder im Glauben zu stärken," — dieß sind die Hirtenworte, womit derselbe seinen Gläubigen die Encyclica promulgirt — „hat ein Rundschreiben an alle Bischöfe des ganzen Erdkreises erlassen, in welchem er sein apostolisches Urtheil ausspricht über eine Reihe von Meinungen, die in unserer Zeit besonders die Herrschaft über die Geister zu gewinnen suchen, die aber alle im Widerspruch stehen mit der Wahrheit, die uns der gekreuzigte Heiland lehrte und als heilige Hinterlage in seiner Kirche hinterlassen hat. Zugleich wiederholt der Nachfolger des heiligen Petrus sein apostolisches Urtheil über achtzig Sätze, welche er seit der Zeit, da ihm das oberste Hirten- und Lehramt obliegt, bei verschiedenen Gelegenheiten als unvereinbar mit der christlichen und katholischen Wahrheit erklärt hatte, und welche nun zusammengestellt klar zu erkennen geben, bis wie weit der menschliche Geist abirrt, wenn er einmal von Gott und seiner Kirche sich entfremdet und abgewendet hat.... Das apostolische Urtheil beruht ganz und gar auf der alten unveränderlichen Lehre der Kirche, welche nach des Apostels Zeugniß die Säule und Grundfeste der Wahrheit ist; es legt nur den unfehlbaren Probirstein dieser Wahrheit an die wechselnden Meinungen

---

[1] Monde Nr. 33 (1865).

des sogenannten Zeitgeistes; es thut, was der Apostel befiehlt, indem er schreibt: Glaubet nicht jedem Geiste, sondern prüfet die Geister ob sie aus Gott sind; denn viele falsche Lehrer sind in die Welt ausgegangen. Der, dessen Glaube nicht wankt, der die Schlüssel des Himmelreichs trägt, dessen Worte auf Erden und im Himmel binden und lösen, der Felsenmann, auf welchen gebaut, die Kirche von der Hölle Mächten nicht bezwungen werden kann, hat die Geister dieser Zeit geprüft und sein Urtheil hat die Lehren Derer verworfen, die nicht aus Gott sind. — Und damit ihr nicht bloß aus euerem katholischen Glauben wisset, welche Bedeutung dieses apostolische Urtheil hat, sondern es gewissermaßen mit Augen sehet, so erklären Wir selbst, euer Bischof, vor Allen laut, offen und feierlich, daß Wir diesem Urtheile über alle jene Irrthümer ganz und vollständig Uns unterwerfen, es im Gewissen und Glauben ganz zu dem Unsrigen machen. Da Wir aber als Bischof auch selbst das Lehramt von Gott empfangen haben, so wiederholen Wir, was Wir schon vor nahezu drei Jahren im Vereine mit mehr als dreihundert Bischöfen vor dem heiligen Vater persönlich in Rom ausgesprochen haben: daß Wir alles lehren, was der Papst lehrt, daß Wir alle Irrthümer verwerfen, welche der Papst hier verworfen hat, und daß keine Macht Uns von dieser Einheit mit dem apostolischen Stuhle im Glauben, in der Lehre und im Gehorsam abbringen kann." —

53. Vom italienischen Episcopat urtheilte selbst die piemontesische Regierung, derselbe halte so unbedingt an der Unfehlbarkeit des Papstes fest, daß es gerathen scheine, um Conflictsfällen auszuweichen, das Verbot der Publication der Encyclica zurückzunehmen. In Spanien ist die Auffassung bei den Katholiken, mit einziger Ausnahme der Progressisten, wie gleich Anfangs bekannt wurde, ganz dieselbe. Von England aus haben selbst einfache Gläubige [1] im Verein mit Katholiken anderer Nationen dem hl. Vater am 18. Februar eine Adresse überreicht, welche den 25. im Vatican von Lord Stafford verlesen wurde, die keinen andern als den entwickelten Grundsatz an die Spitze stellt: „der ganze Katholicismus unterwirft sich mit religiöser Gelehrigkeit Ihrem heiligen Worte." —

---

[1] Hiegegen macht man den Einwand, wir beriefen uns, anstatt auf die Zeugnisse der Bischöfe, auf die der Laien. Dem sei zur Antwort: Die Zustimmung der Bischöfe kann man wie jedes andere geschichtliche Factum erkennen: unmittelbar oder mittelbar durch das Zeugniß bewährter Männer, mögen diese nun Bischöfe sein oder Laien.

Der belgische Episcopat hatte zwar kein Verbot der Publication zu bestehen, wohl aber erhob sich auch in jenem Lande, das von den geheimen Gesellschaften mehr als andere Erdstriche heimgesucht ist, die kirchenfeindliche Presse mit großer Heftigkeit gegen die Encyclica. Der Cardinal=Erzbischof von Mecheln, Primas von Belgien, die Anschauung gewiß aller belgischen Bischöfe ausdrückend, sagt in seinem Hirtenbriefe [1]: „Der gegenwärtige Papst, der muthvolle Pius IX., der rechtmäßige Stellvertreter Jesu Christi auf Erden..., der unfehlbare Ausleger des natürlichen und göttlichen Gesetzes, hat seit dem Beginne seines Pontificates die unseligen Lehren, welche die verirrten Secten unserer Zeit zur Herrschaft zu bringen suchen, verdammt." Nachdem der Cardinal sodann die Entstehung und Bedeutung des Syllabus erläutert, fährt er fort: „Wir schließen dieses Verzeichniß gegenwärtigem Hirtenbriefe bei, damit die Herren Pfarrer es mit Aufmerksamkeit studiren und es ihren Vicaren, sowie den andern Personen mittheilen, welche besonders verpflichtet sind, die Irrthümer wohl zu kennen, welche der Geist der Finsterniß zu verbreiten sucht. Wir verordnen nicht, es von der Kanzel zu verlesen, weil nicht alle Gläubigen diese Irrthümer im Einzelnen zu kennen brauchen; es genügt in der That, daß sie dieselben im Allgemeinen verwerfen und sich mit kindlicher Gelehrigkeit ohne Rückhalt allen Entscheidungen des hl. Stuhles unterwerfen, wie der Glaube und die der Autorität des Statthalters Jesu Christi schuldige Unterwerfung ihnen zur Pflicht machen."

54. **Obwohl es unfehlbar gewiß ist, daß die in der Encyclica und dem Syllabus geächteten Sätze irrig sind, so ist damit noch nicht ausgesprochen, daß sie sämmtlich häretisch seien; sondern es ist im Einzelnen noch zu bestimmen, ob sie irrig im engeren Sinne oder häretisch sind.** Irrthümer überhaupt, im theologischen Sinne, wie sie hier genommen sind, heißen alle Lehren, welche abirren oder abirren machen von der katholischen Lehre, sowohl bezüglich des Wahren als des sittlich Guten. Es werden in soferne unterschieden Irrthümer im Glauben und Irrthümer in Betreff der Sitten; beide Arten gehen gegen die Offenbarung, beide können zugleich gegen das Licht der natürlichen Vernunft verstoßen. „Irrig im Glauben ist somit ein Lehrsatz, welcher wenigstens in irgend einer Weise jener Wahrheit entgegengesetzt ist, die

---

[1] Mitgetheilt im Monde Nr. 33 (1865).

entweder unmittelbar oder mittelbar zum Glauben gehört oder nach der gemeinen Ansicht der Lehrer zum Glauben gerechnet wird." „Irrig in den Sitten aber ist jener, welcher demjenigen widerstreitet, was nach den Grundsätzen des Glaubens selber, oder den aus ihm abgeleiteten, auf dem sittlichen Gebiete zu thun oder zu lassen ist"[1]. Eine neue Lehre kann hienach einer unfehlbar feststehenden Glaubenslehre direct widersprechen, sei es, daß dieselbe unmittelbar in den Quellen des Glaubens enthalten, d. h. in ihnen schon ausgesprochen, oder durch die unfehlbare Kirche daraus abgeleitet, mittelbar in denselben enthalten sei. 3. B. Christus ist nicht von den Todten erstanden, widerspricht einer unmittelbar zum Glauben gehörenden Lehre; oder: Christus ist nicht vollkommener Mensch und Gott in Einer göttlichen Person, einer mittelbar zum Glauben gehörenden, weil von der Kirche abgeleiteten Lehre. Hier, in beiden Fällen, handelt es sich um einen Irrthum, welcher Häresie genannt wird, mit dessen Annahme nämlich, wenn sie in bewußtem Gegensatz zur Kirchenlehre geschieht, der Glaube nicht vereinbar ist. Und zwar sind es Häresien in Sachen der Glaubenslehre. Würde Jemand lehren: das Stehlen ist erlaubt; oder: es ist erlaubt, zu lügen, so hätten wir Häresien in der Sittenlehre. Dagegen ist eine solche Lehre irrig im engeren Sinne des Wortes, wenn sie dem Glauben indirect, d. i. einer von den Gottesgelehrten aus dem Glauben abgeleiteten Wahrheit oder Maxime zuwiderläuft. Ist aber eine Lehre neu in dem Sinne, daß sie der in der Kirche herkömmlichen Lehrart der Väter, der Lehrer widerstreitet, so wird sie als vermessen bezeichnet. Eine neue Lehre kann sodann in ihrer Fassung einen irrigen Sinn zulassen und namentlich im Munde Desjenigen, der sie vorbringt, ihn nahe legen. So entstehen jene andern Bezeichnungen, die man in kirchlichen Urtheilen liest: verfänglich, anstößig, des Irrthums verdächtig u. s. w. Oder sie kann nebendem, daß sie irrig ist, auch noch eine besondere Gefahr für das Seelenheil des Nächsten, die Ruhe des Staates, den Bestand der Kirche oder eine Verletzung der göttlichen Ehre in sich schließen. Daher kommt

---

[1] Wir folgen hier hauptsächlich der lichtvollen und gedrängten Darstellung des P. Gauthier im Prodromus ad theologiam dogmatico-scholasticam. Thesaurus theologicus etc. von P. Zaccaria. I. 53. Die historische Grundlage dieser Bezeichnungen: errores in fide et moribus wird gemeiniglich im Concil von Konstanz gesucht. S. ebendaselbst. Außerdem geben die größern neuscholastischen Theologen, wie P. Suarez, l. c. Disp. XIX. S. 2, P. Kilber in den Wirceburgenses IV. S. 197 ff. u. A. hinlängliche Belehrung.

es, daß die Kirche der Verdammung solcher Lehren häufig beisetzt: sie seien gottlos, ärgernißgebend, aufwieglerisch, zum Schisma führend, die Ketzerei begünstigend u. s. w.

55. Wenden wir nun dieses auf unsern Fall an, so wird behauptet, die in der Encyclica und dem Syllabus geächteten Lehrsätze seien zwar unfehlbar insgesammt Irrthümer im weiteren Sinn des Wortes; aber noch nicht Häresien; ob sie dieses seien, müsse im Einzelnen untersucht und bestimmt werden. Hier kommt Alles auf den Sinn an, den die lehrende Kirche mit ihrem Urtheil verbunden hat. Nun aber sagt sie nirgends in den beiden Documenten von den Lehren, welche sie verwirft, daß es Häresien seien, sondern bezeichnet sie mit allgemeineren Ausdrücken; sie sind also auch nicht, überhaupt genommen, Häresien. Betrachten wir die Ausdrücke, welche der Lehrausspruch anwendet. Der Syllabus ist überschrieben: „Verzeichniß, umfassend die vornehmlichen Irrthümer" u. s. w. Und im Begleitschreiben des Cardinals Antonelli ist gesagt: der Syllabus werde den Bischöfen gesendet, damit sie vor Augen haben könnten „alle Irrthümer und verderblichen Lehren", welche vom hl. Stuhl geächtet sind. Der Beisatz hier „verderbliche Lehren" sagt nichts darüber aus, ob diese Lehren Häresien seien oder Irrthümer im engeren Sinne, sondern er qualificirt sie nach ihrer practischen Wirkung auf Einzelne oder die menschliche Gesellschaft. Ebenso finden wir in der Encyclica, wo von den geächteten Sätzen überhaupt die Rede ist, nur allgemeine Bezeichnungen, unter denen Häresie neben dem Irrthum inbegriffen sein kann, nicht aber speciell und ausschließlich anzunehmen ist. Es heißt nämlich von den in der Encyclica, im Unterschiede von den Grundirrthümern verdammten Lehren insgemein, daß sie seien „schlechte Lehrmeinungen", „falsche und verkehrte" Meinungen, zu deren Verurtheilung „die Sache der Kirche, das Heil der Seelen und das Wohl der menschlichen Gesellschaft selber" auffordere. Wir haben es also wohl mit Abirrungen vom Wege der Wahrheit und des Heils zu thun, nicht aber ohne Weiteres mit Häresien. Aber auch nicht mit Irrthümern im engeren Sinne allein, denn sowohl im Syllabus als in der Encyclica sind einzelne verworfene Sätze nachweisbar Häresien; Beispiele bietet dort der §. 1; die Encyclica aber führt ausdrücklich die häretische Lehre auf, welche die Feinde der Kirche erneuern, daß die kirchliche Gewalt nicht durch göttliche Anordnung unabhängig sei von der weltlichen. Demungeachtet sind alle diese Lehren unfehlbar irrig, und es würde sich Derjenige, welcher sie trotz des kirch-

lichen Erkenntnisses für wahr erklärte, der Gefahr der Häresie aussetzen [1]; und zwar direct, soweit eine dogmatische Wahrheit geläugnet würde; indirect, wenn eine aus dem Dogma abgeleitete Wahrheit bestritten würde. Sie sind es unfehlbar, weil, wie gezeigt, die unfehlbare Lehrautorität sie als solche erklärt hat.

Hiemit ist eine allgemein gültige Regel auseinandergesetzt, welche in unserm Falle nur eine neue Anwendung findet: der Gläubige unterwirft sich der gesammten katholischen Lehre, wie sie ihm von der Kirche und ihren mit dem Haupte geeigneten Organen vorgestellt wird; denn nur der katholische Glaube ist in dieser Lehre dargestellt, begründet, erläutert, und zwar geschieht dieses durch die lebendige Autorität der Kirche, ihre Hirten, unter dem Oberhaupte, mit denen die kirchlichen Lehrer und Seelsorger im besten Einklange stehen. Dieses lebendige Lehramt hat nun durch den Mund seines Hauptes, des obersten Lehrers, die Leuchte der überlieferten Lehre gegen die in unserer Zeit auftauchenden verderblichen Irrthümer gewendet und sie gerichtet; seine Aussprüche sind fortan eben so viele unverrückbare Grenzsteine zwischen Licht und Finsterniß geworden für Alle, welche, sei es durch ihre Lebensverhältnisse, sei es durch Amt und Beruf, veranlaßt sind, sich mit diesen Zeitfragen zu befassen.

56. **Um zu den positiven Glaubenslehren und Sittenvorschriften, welche den verdammten Sätzen entsprechen, zu gelangen, ist zunächst nach Ermittlung der Tragweite der Verdammung der reine (contradictorische) Gegensatz aufzustellen; sodann durch Forschung nach den Gründen der Verdammung die positiv entgegenstehende katholische Lehre zu gewinnen.** Wir stellen hiemit drei Regeln auf, wie man aus den verworfenen Sätzen zur entgegenstehenden positiven Lehre der

---

[1] Man vergl. mit P. Gauthier, l. c. l. p. 85, Cardinal Lugo, De fide. D. 20. n. 108 und Cursus compl. theolog. ed. Migne. l. p. 1148 sqq. De censuris. Diesen Autoren gemäß und nach dem allgemeinen Sprachgebrauch der Theologen sind Gegenstand dogmatischer Urtheile nicht ausschließlich die Definitionen eines Dogma im strengen Sinne des Wortes, sondern jene erstrecken sich auf alle Entscheidungen, wofür die unfehlbare Lehrautorität innere Zustimmung verlangt. Daß diese sich nicht bloß auf das beschränken darf, was als eigentliches Dogma von der Kirche erklärt wird, geht aus der Verurtheilung des 22. Satzes im Syllabus hervor und wird in einer spätern Broschüre, bei der Erklärung dieser These, besprochen werden. Dort wird der Leser auch die Frage über die kirchliche Lehrauctorität einläßlicher erörtert finden.

Kirche gelangen und für diese einen Gewinn schöpfen kann. Zuerst muß man genau wissen, in welchem Sinne ein Satz verdammt ist, und hier genügt es häufig nicht, bei dem natürlichen Wortsinne stehen zu bleiben, sondern man muß auf die Quelle, aus welcher die verdammte Lehre geschöpft ist, zurückgehen. Mitunter drückt die Kirche das Eine oder Andere in ihrer Censur aus: prout jacent, d. h. in ihrem gemeinüblichen Verstande; in sensu auctoris, d. h. im Sinne ihres Urhebers sind die Worte zu nehmen. Hat man die Bedeutung der verdammten Sätze erforscht, so ist der erste Schritt, die Erkenntniß, in welchem Sinne sie von der Kirche verdammt sind, möglich. Ist dieses festgestellt, dann läßt sich der zweite Schritt thun zur Ermittlung der entgegenstehenden Kirchenlehre. Der Leichtigkeit halber ist vorausgesetzt, es handle sich um Sätze, welche als irrig erklärt sind; sie sind eben damit falsch, und zwar in einem gewissen vorzüglichen Sinne falsch, indem sie nicht etwa bloß natürlichen, gemeinen Wahrheiten, sondern Grundsätzen und zwar der katholischen Lehre widersprechen, also in höherem Grade falsch sind [1]. Die Erklärung, daß diese Sätze falsch sind, schließt ein, daß ihr reines (contradictorisches) Gegentheil wahr sei. Denn zwischen zwei also sich entgegengesetzten Sätzen ist der eine nothwendig wahr, der andere falsch. Dieses drücken wir bei positiven Irrlehren durch das einfache Nicht aus, bei negativen durch die Entfernung des Nicht; und alle Kunst besteht darin, das Nicht gut anzubringen, beziehungsweise es gut zu beseitigen; eine Kunst, die in der Logik gelehrt wird.

57. Statt diese Regeln hier anzuführen, sollen einige Beispiele, und zwar aus dem gemeinen Leben, diese Vorschrift erläutern. Nehmen wir das (kategorische, assertorische, singuläre und bejahende) Urtheil: Petrus ist vor einem Jahre in Rom angelangt; so ist, wenn das sich als ein Irrthum herausstellt, bevor man das reine Gegentheil aufstellen kann, zu untersuchen, wo der Irrthum liegt. Eine Person, die Kunde hat, weiß, daß nicht Petrus, sondern Paulus angelangt ist; oder daß Petrus nicht in Rom, sondern in Neapel angelangt ist u. s. w. Im ersten Falle lautet der reine Gegensatz: nicht Petrus ist angelangt; im zweiten: Petrus ist nicht zu Rom angelangt u. s. w. Oder gegen die Behauptung: es ist uns erlaubt, dieses Buch zu lesen, lassen sich, je nachdem sie gemeint ist, drei reine Gegensätze aufstellen. Wollte gesagt werden: uns im Ausschlusse von allen Andern ist es erlaubt, so ist der

---

[1] P. Suarez, De triplici V. tr. De fide. Disp. XIX. S. 2. n. 11.

reine Gegensatz: Keinem ist es erlaubt; wollte gesagt werden: unbedingt, schlechthin erlaubt, so ist der reine Gegensatz: für gewisse Fälle, unter gewissen Bedingungen nicht erlaubt, z. B. heute, unter diesen Umständen nicht erlaubt; lag der Ton auf dem Gliede: dieses Buch, so ist der Gegensatz: dieses Buch ist euch nicht erlaubt. — Oder nehmen wir ein verneinendes Urtheil aus dem Syllabus: „Die Kirche hat nicht die Macht, dogmatisch zu entscheiden, daß die Religion der katholischen Kirche die einzig wahre sei." § 5, These 21. Bevor hier der reine Gegensatz aufgestellt werden kann, muß der Sinn der gegnerischen Behauptung, welche hier getroffen werden will, genau festgestellt werden. Ist dieß im gegebenen Falle leicht, so können bei zusammengesetzten Sätzen selbst logische Schwierigkeiten mit unterlaufen. Nehmen wir die These 24 des Syllabus: „Die Kirche hat nicht die Befugniß, Zwang anzuwenden, noch irgend eine directe oder indirecte zeitliche Gewalt." Hier sind zwei negativ gefaßte Irrlehren zusammengestellt: die erste ist einfach; die zweite: die Kirche hat weder irgend eine directe, noch indirecte zeitliche Gewalt, muß offenbar also aufgelöst werden: die Kirche hat keinerlei zeitliche Gewalt, sei es eine directe oder eine indirecte. Für das Zweite ist also der reine Gegensatz: sie hat eine zeitliche Gewalt, sei sie direct oder indirect. Oft kann ein Satz aus negativen und positiven Gliedern zugleich bestehen. So der 19. des Syllabus: „Die Kirche ist keine wahre und vollkommene Gesellschaft 2c., sondern es ist Sache der Staatsgewalt, zu bestimmen 2c." Der reine Gegensatz ergibt: Die Kirche ist eine wahre und vollkommene Gesellschaft, und es ist nicht Sache der Staatsgewalt, zu bestimmen...

58. Das voranstehende Verfahren, das nur durch die Regeln der Logik über die Bildung des reinen Gegensatzes zu vervollständigen ist, bedarf keiner weitern Bemerkung; wohl aber die dritte Regel. Eigentlich sind wir schon im Bisherigen auf sie geführt; doch ist es gerathen, sie noch eigens kurz zu erläutern. So oft ein Satz von der Kirche als irrthümlich bezeichnet wird, so wird damit laut Erklärung ausgesprochen, daß eine Wahrheit innerhalb der katholischen Lehre bestehe, welcher jener Satz offen widerspricht; und zwar für den häretischen ein Dogma, für den irrigen im engern Sinne ein theologisch gewisser Lehrsatz. Auf diese Wahrheit hat gleichsam die Kirche hingeblickt, als sie jenen Irrthum verdammte; sie bildet den nächsten innern Grund dieser Verdammung. Sie kann aber hiernach ausdrücklich enthalten sein in den Quellen des Glaubens, oder mittelbar, sei es laut unfehlbarer Erklärung der lehrenden

Kirche, oder nach allgemein geltender Ansicht der Theologen. Wie leicht einzusehen ist, wird durch eine oder mehrere solcher Wahrheiten der Sinn der Verdammung und ihre Tragweite in volles Licht gesetzt; insoferne ist es schon, um das reine Gegentheil zu ermitteln, oft nöthig, diese Untersuchung nach den Gründen zu pflegen und durch sie die Erklärung der geächteten Sätze zu vervollständigen. Allein das Verfahren sichert zugleich die von der Kirche beabsichtigte Frucht, es wird ein fester Halt gegen den Irrthum gegeben. Die Kirche ist in vielen Fällen selber also vorangegangen, daß sie der Censur über die Irrthümer doctrinale Begründung ihrer Anatheme hat folgen lassen, wie das Beispiel des Trienter Concils beweist. Endlich ist es der Natur unseres Geistes angemessen, in dem leeren Raume, welchen die reine Ausschließung der (positiven) Irrlehre beschreibt, die positiv entgegengesetzten Lehren der Kirche zu schauen, wie auch im gemeinen Leben mit der Widerlegung eines Irrthums gewöhnlich zugleich der Grund der Widerlegung beigefügt ist (im obigen Falle: nicht vor einem Jahr, sondern vor zwei Jahren ist Petrus angelangt. Der Bischof hat das Buch verboten). Uebrigens ist dieses Aufsuchen der Gründe die zur kirchlichen Lehrautorität hinzukommende eigenthümliche Aufgabe der theologischen Wissenschaft, und ihre Ergebnisse können bezüglich des Ansehens jener keineswegs gleichgestellt werden.

* * *

59. Fassen wir nunmehr das bisher in 5. Entwickelte zusammen, so haben wir vor Allem festzustellen gesucht die Natur der Verpflichtung dem Rundschreiben vom 8. December 1864 und seinem Anhange gegenüber. Dasselbe enthält zwar disciplinäre Vorschriften, deren verpflichtende Kraft in unserem Verhältniß zum Papste, als unserm geistlichen Oberhaupte, wurzelt (1. These). Anders ist es mit dem dogmatischen Bestandtheil. Als Ausfluß der unfehlbaren Lehrautorität der Kirche erheischt dieses dogmatische Urtheil als solches im Ganzen jene Art innerer Beistimmung, welche wir einem Glaubenssatze schulden (2. These). Es ist aber in diesem nicht eine menschliche Autorität, welche uns bewegt, sondern die unfehlbare Autorität Gottes selber, deren Vorhandensein uns die Kirche durch ihren Lehrausspruch bezeugt. Gehen wir sodann auf den positiven Inhalt im Einzelnen ein, so sprechen die contradictorisch entgegengesetzten Wahrheiten gleichfalls diesen Gehorsam an, der sich um des in letzter Hinsicht betheiligten Glaubens willen selbst auf die

katholische Lehre im weiteren Sinne [1], auf die den bloßen Irrthümern gegenüberstehenden Lehren und Sittenvorschriften ausdehnt (3. und 4. These).

60. Was heißt das eigentlich, in die gewöhnliche Sprache übersetzt? Was anders, als daß uns der Papst mit seiner Lehrentscheidung, welche er in dem Rundschreiben und seinem Anhange erlassen hat, oder mit seiner Hinweisung auf die unvergänglichen Grundsätze der Offenbarung, als Schafe Christi vor unsern obersten göttlichen Hirten führt, um von ihm in den Zeitverhältnissen, in denen wir leben, als aus der Quelle der ewigen untrüglichen Wahrheit, Lehre und Weisung zu empfangen? Denn nur weil es sein göttliches Licht ist, was uns geboten wird, Gottes Wort, nicht Menschensatzung, geben wir ihm mit jener vollen Unterwürfigkeit, die wir Gott schuldig sind, unser Urtheil gefangen, nehmen die Aussprüche seines Stellvertreters als unverrückbare Leuchtpunkte in unser Gewissen auf. Greift das in unsere Gewissensfreiheit ein? Ja, aber in fördernder, aufrichtender Weise. „Die Wahrheit wird euch frei machen." Die Freiheit des Geistes und des Gewissens wurzelt eben nicht in der Zügellosigkeit, für wahr zu halten, was mir beliebt, sondern in der innern Zucht, meinen Verstand der Wahrheit zu unterwerfen, wie die sittliche Freiheit des Willens darin beruht, daß wir gerne und willig thun, was wir thun sollen. Nun ist Gott die erste, die Quelle aller Wahrheit; was er uns offenbart, kann nur Wahrheit sein. Er hat diese geoffenbart und diese Offenbarung in der katholischen Kirche hinterlegt und sie zur unfehlbaren Lehrerin seiner Wahrheit bestellt. Sich der Kirche, wenn sie uns diese Wahrheit zu glauben vorstellt, unterwerfen, heißt also, den Geist Gott selber unterwerfen, sich in den Besitz der Wahrheit setzen, d. h. die Freiheit des Geistes, des Gewissens begründen. So viel die Herrschaft Gottes von dem geschaffenen Geiste anerkannt, aufgenommen wird, so weit reicht seine wahre Freiheit. Das Weib ist frei, wenn es ungestört dem Manne, dem es zugehört, leben kann; das Kind, wenn es bei den Eltern sein kann; das Geschöpf, wenn es sich ganz seinem Schöpfer hingeben darf, frei nämlich von jedem störenden Eingriff in sein Heiligthum, in sein höchstes Recht, einzig von Gott beherrscht zu werden. Die große Wohlthat des Papstthums ist, diese Freiheit, die Freiheit der Hingabe an Christus und seine Ordnung, dem Einzelnen wie dem Geschlechte, allen Zeiten, auch der Gegenwart,

---

[1] S. oben S. 105 f.

zu sichern. Da nun aber das die Sicherung des Gewissens selber im umfassendsten Sinne des Wortes ist, so kann man sagen, das Rundschreiben ist der Weg zur Rettung aus dem Schiffbruche des Gewissens, durch die Wiederherstellung der ihm nothwendigen, vom Liberalismus in der Grundlage angetasteten Ordnung! Und mit der Pflicht, Gott sich zu unterwerfen, sich an seine Offenbarung in Christus und der Kirche anzuschließen, vereinigt sich das Gebot der Selbst- und Nächstenliebe, die Herrschaft der gotterleuchteten Vernunft uns selber und dem Geschlechte zu retten!

Uebersicht.

61. Der Mensch hat eine übernatürliche Bestimmung; nach dem Willen seines Schöpfers soll er durch die Anschauung Gottes selig werden; Christus mit seinen Heilmitteln in der von ihm gestifteten Kirche ist, und zwar allein, der Weg zu diesem Ziele. Der Anschluß an ihn ist Religion. Sie also ist unerläßlich hienieden zur Erreichung der menschlichen Bestimmung.

Die große Häresie der Gegenwart, der Naturalismus in all' seinen Gestalten und Abarten, läugnet diese Bestimmung und ihre Ordnung, und zwar nicht allein in sich selber, sondern auch in ihrer natürlichen Grundlage. Sie bekämpft nämlich nicht nur die Offenbarung Gottes in Christus und seiner Kirche, sowie die daraus sich ergebende Glaubenspflicht, sondern bestreitet bereits das Dasein eines persönlichen Gottes und untergräbt mit dem obersten Grundsatze der natürlichen Religion auch die Pfeiler des Sittengesetzes und der Rechtsordnung. Folgerichtig ferner greift sie die Kirche in ihrem gesammten Bestande an und geht auch hier, indem sie die natürlichen Ordnungen des Staates und der Familie von der Kirche und dem Einflusse der Religion für immer abzulösen sucht, zugleich gegen diese Ordnungen selber.

Auf all' diesen Punkten tritt dem Naturalismus und seinem Zwillingsbruder, dem Socialismus, der Syllabus entgegen und verwirft zugleich jene auf halbem Wege stehen bleibenden Abirrungen von der Wahrheit, welche wir als Liberalismus und gemäßigten Rationalismus bereits kennen.

Der Syllabus ächtet also

1) Grundirrthümer gegen Gott und seine Offenbarung (§ I.), welche mit der Läugnung der Glaubenspflicht und der Gleichgültigkeit gegen die Religion enden (§ III.); und die

2) damit nicht zufrieden, auch die Grundsätze der Sittlichkeit und des Rechtes untergraben (§ VII.).

Mit diesen verwandt sind die Irrthümer des gemäßigten Rationalismus, welche wenigstens die Pflichten dem unfehlbaren Lehramt der Kirche gegenüber alteriren (§ II.). Sie lehnen sich an die Bestreitung der kirchlichen Lehrgewalt an (S. u. 4).

3) Die Anwendung dieser Irrlehre auf die Kirche für sich, in ihrem inneren Rechtsleben betrachtet, führt zur Läugnung ihrer Freiheit und Unabhängigkeit (§ V.);

4) auf die Kirche im Verhältniß zur Wissenschaft ist sie entweder vollständige oder partielle Bestreitung der kirchlichen Lehrgewalt, je nachdem die Anwendung der falschen Grundsätze eine volle oder halbe ist (§ V. Th. 33. 22. Cf. § II.);

5) auf die Kirche im Verhältniß zum Staate ergibt sie die Unterordnung der Kirche unter diesen, beziehungsweise die sogenannte Trennung von Staat und Kirche (§ VI.);

6) auf die Kirche im Verhältniß zur häuslichen Gesellschaft bewirkt sie Aufhebung der sacramentalen Weihe der Ehe (§ VIII.);

7) auf die Kirche im Verhältniß zur internationalen Gesellschaft ist sie Kampf gegen die politische Souveränität des kirchlichen Oberhauptes oder die weltliche Herrschaft des Papstes (§ IX.);

8) auf die Kirche im Verhältnisse zu außerkirchlichen Bekenntnissen, Religionsformen und Meinungsäußerungen erzeugt sie die modernen Freiheiten, unter denen die Cultfreiheit voransteht (§ X.).

9) Die Sectenverhältnisse, die in § IV. des Syllabus berührt sind, geben einen Anhalt für die Darstellung des äußern Bestandes der modernen Irrlehre, sowie für die Würdigung ihrer Stellung in dem großen historischen Prozesse des Antichristenthums, der mit den Zeiten der Apostel beginnt.

In der Zeitfolge werden sich jedoch die einzelnen Abhandlungen nicht an diese Ordnung binden.

62. Die im Syllabus angezogenen Quellen fließen in den verschiedenen Acten des Pontificates von Pius IX., welche theils durch die Angriffe der Revolution, theils durch Gewaltthaten kirchenfeindlicher Regierungen, theils durch Irrlehren von Schriftstellern veranlaßt worden, theils beim Abschlusse von Concordaten, theils endlich bei außerordentlichen Ereignissen ergangen sind. Im Vordergrund steht der Kampf mit der italienischen Revolution, welche zuerst als römische Republik, mit der

Erklärung vom 9. Februar 1849, daß die Päpste den Besitz des Kirchen=
staates verwirkt hätten, ihrer Umwälzung die Krone aufsetzte; dann aber,
nach ihrer Niederlage, in jenem Bunde mit der Regierung von Piemont
ihren zweiten Anlauf nahm, in welchem sie bis heute beharrt, wie sie
auch, unterstützt durch Verbrechen jeder denkbaren Art, ihrem Ziele, die
geistliche mit der weltlichen Herrschaft des Papstes in Italien zu besei=
tigen, stufenweise näherrückt. In den gegen dieses höllische Unterfangen
vom hl. Stuhle ergangenen Rundschreiben und Allocutionen sehen wir
den ganzen Abgrund des dämonischen Apostolates der Revolution von
der Encyclica Qui pluribus vom 9. November 1846 an bis auf die
jüngste Allocution Quanto conficiamur vom 10. August 1863 beharr=
lich enthüllt und mit heldenmüthiger Standhaftigkeit verfolgt; so in der
Allocution Ubi primum vom 17. Dezember 1847, in welcher der Papst
zugleich die Verleumdung seiner arglistigen Feinde zurückweist, als be=
günstige er den religiösen Indifferentismus; in der Allocution Quibus
quantisque aus Gaeta vom 20. April 1849, welche in einem geschicht=
lichen Abrisse die Kette jener Schlechtigkeiten der Geheimbündler entrollt,
welche von der Amnestie ab den hl. Vater zu umgarnen suchten, bis sie
ihn bestimmten, Rom zu verlassen; in dem Rundschreiben Noscitis et
Nobiscum, das von Neapel aus unter dem 8. Dezember 1849 den
italienischen Episcopat zum standhaften Widerstande gegen die Feinde
des Christenthums ermuntert. Der Kirchenstreit zwischen dem hl. Stuhle
und der piemontesischen Regierung, veranlaßt durch das gewaltthätige
Vorgehen der letztern gegen die concordatsmäßig verbürgten Rechte der
Kirche (ihre Unabhängigkeit, die kirchliche Censur, Immunitäten, Ver=
mögens= und Unterrichtsverhältnisse, religiöse Orden u. s. w.) ver=
anlaßte die offenen Klagen des Papstes, die mit den Allocutionen Si
semper antea vom 20. Mai 1850 und In consistoriali vom 1. No=
vember 1850 beginnen. Piemont deckte seine letzten Absichten durch Ver=
handlungen, die es in Rom anknüpfte; so schien es im Jahre 1852,
daß König Victor Emmanuel den Wunsch habe, sich mit dem hl. Stuhle
durch ein Concordat wirklich zu vergleichen, und weil zunächst der Ge=
setzesentwurf über die Civilehe drängte, legte ihm Pius IX. in seiner
Antwort vom 9. September 1852 die katholische Lehre über die Ehe
dar. Indessen hatten sich die Verhandlungen zerschlagen; Piemont pro=
vocirte mit seinen Eingriffen in das Kirchenvermögen durch das Gesetz
über Aufhebung von religiösen Orden, Collegiatstiften und einfachen
Pfründen neue Klagen, sowie den Kirchenbann über die Schuldigen in

den Allocutionen Probe memineritis vom 22. Januar 1855 und Cum saepe vom 27. Juli desselben Jahres. Wie Piemont dem Socialismus der Revolution im Innern immer ungescheuter zusteuerte, so machte es nach Außen von seinen faustrechtlichen und kirchenräuberischen Absichten immer weniger Hehl, bis es sie durch Aufwiegelung und Besetzung einzelner Provinzen des Kirchenstaates 1860 und die bekannten „Annexionen" auszuführen begann. Hierüber erhebt das apostolische Sendschreiben vom 26. März 1860 Cum catholica unter Verhängung der kirchlichen Acht, wie auch die Allocution Novos et ante vom 28. September 1860, vor der katholischen Welt Anklage. Nachdem das Raubgeschäft die erste Beute geholt und während die Entchristlichung und Entsittlichung Italiens in großem Maßstabe unter der liberalen Herrschaft voranschritt, sollte sich der Papst mit der „modernen Bildung", dem „Liberalismus", vergleichen und, das Vergangene vergessend, sich mit den Räubern aussöhnen, was er in der Allocution Jam dudum cernimus vom 18. März 1861 mit Entrüstung zurückweist. Eine weitere Beleuchtung dieser modernen Bildung gibt die Allocution Meminit unusquisque vom 30. September 1861, indem sie die ganze Scheußlichkeit des revolutionären Wüthens gegen die Kirche vor Augen stellt. Quanto conficiamur vom 10. August 1863 hat denselben Gegenstand und bejammert den nicht genug zu beklagenden Verfall des Glaubens und der Sitten, den die Verfolger der Kirche allenthalben und in allen Ständen zu bewirken suchen, um die schismatische Trennung vom hl. Stuhle leichter durchzusetzen.

63. Aehnliche Klagen hat das Oberhaupt der Kirche gegen die Liberalen in Spanien, die das endlich nach langen Stürmen zuweggebrachte Concordat, dessen der Papst in der Allocution Quibus luctuosissimis vom 15. Sept. 1851 gedenkt, keineswegs unangefochten ließen, sondern zur Herrschaft gelangt, in den wesentlichsten Punkten verletzten und die Kirche verfolgten, wie die Allocution Nemo vestrum vom 26. Juli 1855 hervorhebt. Namentlich aber sind es Zustände und Vorgänge in den ehemals spanischen Coloniallindern, in Neugranada und Mexico, welche, wie aus den Allocutionen Acerbissimum vom 27. Sept. 1852, Nunquam fore vom 15. Dezember 1856 und der Encyclica an den Episcopat von Neugranaba Incredibili vom 17. September 1863 zu ersehen ist, ein würdiges Seitenstück zu der übermüthigen Mißhandlung der Kirche durch die italienischen Liberalen bieten. Ein deutsches Land hat dem hl. Vater gleichfalls, durch seinen Concordatsbruch und kirchen-

feindliche Schulgesetze Anlaß zu Klagen und Verwahrungen gegeben. (Allocution Multis gravibusque vom 17. Dezember 1860; Schreiben an den Erzbischof von Freiburg Quum non sine vom 14. Juli 1864.) Ein Sendschreiben an den muthigen und thätigen Oberhirten von Montreal (Singularis Nobisque vom 24. September 1864) bezieht sich auf zwei kirchenfeindliche Gesetzesvorlagen der englischen Colonialregierung in Canada.

64. Bei all' diesen besondern Anlässen sieht sich der Papst wiederholt in der Nothwendigkeit, auf die dem Glauben und der katholischen Lehre widerstreitenden Grundsätze hinzuweisen, welche dem feindseligen Vorgehen gegen die Kirche zu Grunde liegen. Mehr in allgemeinerer Uebersicht geschieht dieses in der zum Antritt seines Pontificates erlassenen Encyclica Qui pluribus vom 6. November 1846, sowie in den beiden bei der Dogmatisirung der Unbefleckten Empfängniß und der Canonisation der japanesischen Martyrer gehaltenen Allocutionen Singulari quadam vom 9. Dezember 1854 und Maxima quidem vom 9. Juni 1862. Das österreichische Concordat vom 3. November 1855, eine Lichtseite neben den aufgeführten trostlosen Erscheinungen, hat das Rundschreiben an den österreichischen Episcopat Singulari quidem vom 17. März 1856 und die darin enthaltene Aufforderung an eben dieselben Oberhirten veranlaßt, daß sie insbesondere dem Indifferentismus und Rationalismus, als den Hauptquellen der Uebel in der heutigen Kirche, entschieden entgegentreten. Hieran reiht sich die auf die Münchener Versammlung erflossene Mahnung an die deutschen Gelehrten an, der obersten kirchlichen Lehrgewalt jene volle Unterwerfung zu geben, zu welcher sich diese Versammlung im Princip bekannt hat. Unter den theologischen Schriftstellern endlich, deren Lehren im Syllabus censurirt sind, hat Italien den neupiemontesisch gesinnten Kirchenrechtslehrer an der Turiner Universität, Professor Nuytz, mit seinen Institutiones juris ecclesiastici und In jus Ecclesiasticum tractationes gestellt, welche in dem Apostolischen Sendschreiben Ad apostolicae vom 22. August 1851 verworfen sind; Südamerika den Jansenisten Franz Vigil mit der Defensa de la autoridad de los Gobiernos contra las pretenciones de la curia romana, geächtet in dem Apostolischen Sendschreiben Multiplices inter vom 10. Juni 1851. Deutschland ist auch hier vertreten durch Anton Günther und seinen Schüler Dr. Baltzer in Breslau, auf welche das Sendschreiben an den Cardinal-Erzbischof von Köln Eximiam tuam vom 15. Juni 1857, sowie an den Fürstbischof von Breslau Dolore haud mediocri

vom 30. April 1860 erinnern; namentlich aber durch Dr. Frohschammer in München, dessen Schriften: Einleitung in die Philosophie 1858. Ueber die Freiheit der Wissenschaft 1861. Athenäum, Zeitschrift über Philosophie, Jahrgang 1862 — in dem Sendschreiben an den Erzbischof von München-Freysing Gravissimas inter vom 11. Dezember 1862 von der kirchlichen Verurtheilung betroffen worden sind.